知的生きかた文庫

美しい「大和言葉」の言いまわし

日本の「言葉」倶楽部

三笠書房

はじめに

言葉は生きていて時代とともに変化する、といわれます。とくに最近の日本では、情報化社会が進んだせいか、消えゆく言葉が増えているようです。本来、日本語は豊かで美しい言語なのですが、外国にルーツをもつ外来語や漢語に押され、存在感を失いつつあるのです。

こういう時代にこそ見直していただきたいのが、「大和言葉」です。わたしたちの遠い祖先が、美しい風土のなかで生み出した日本独自の言葉。その特徴は、品よく、優しい点にあります。実際に声に出してみると、味わい深さが感じられることでしょう。

本書は、数ある大和言葉のなかから日常生活でつかえるものを場面ごとに選び、由来や意味、つかい方などを解説しています。

たったひと言で、場の雰囲気やつかう人の印象を好転させられる大和言葉。その魅力を再発見し、日常生活で活用していただければ幸いです。

美しい「大和言葉」の言いまわし――目次

はじめに　3

第一章　おもてなしの大和言葉

お運び　来訪者が費やした体力や時間にも感謝する　24
お足元　悪天候でも来てくれた人への思いやり　25
ごゆるり　「ゆっくり」と「ゆったり」の合わせ技　26
おみ足　「お足」では少し違う意味になる場合も　27
心置きなく　遠慮がちな訪問客に効果が大きい　28
嬉しゅう　目上の人に嬉しい気持ちを伝えるのにぴったり　29
腕によりをかける　腕前をよく見せようと張り切る　30
お口汚し　手間はかかっていないが自信作？　31
上置《うわお》き　和の雰囲気を壊さないために　32

箸休め……小皿や小鉢の小料理のこと 34
お粗末さま……「どういたしまして」よりも、畏まった表現 35
お召《め》し替え……親切さと言葉の妙でイメージアップ 37
お持たせ……お客さまからのお土産をすぐ出すときに 38
お暇《いとま》……自宅に招いてくれた相手を悲しませないために 39
おすそ分け……楽しみを分けてあげれば絆が深まる 40
印《しるし》ばかりのもの……「つまらないもの」はもう〝つまらない〟? 42
ご笑納《しょうのう》ください……贈り物にひと言添えるなら、これ! 43
心待ち……待ち遠しさ、ワクワク感を伝えられる 44
お相伴《しょうばん》……目上の人に食事の誘いを受けたときのひと言 45
卒爾《そつじ》……突然、何かを行なう際につかう 46
よしなに……「よろしく」よりも丁寧で強い 47
恐れ入る……感謝だけでなく謙虚さも伝えられる 48
お骨折り……苦労を厭わず力を尽くしてくれた人への感謝 49
こらむ❶ 日本語の種類～「大和言葉」 51

第二章　相手を称える大和言葉

手だれ……優れた腕前の持ち主のこと　59
玄人《くろうと》はだし……プロが裸足で逃げ出すほど上手な人　60
このうえない……「最高の」よりさらに高い素晴らしさ　61
得《え》も言われぬ……「得も言わず」と間違わないように！　62
水際《みずぎわ》立つ……際立った働きをした人に　63
打てば響く……頭の回転の速さを示す最高の称賛　64
舌鼓《したつづみ》を打つ……おいしいものを食べたときに鳴らす音　65
まろやか……グルメ番組で定番のひと言　67
うがつ……「うがちすぎ」ないように注意！　68
大人《おとな》しい……静かにしているという意味のほかにも……　69
いたいけ……心が痛いほど愛らしい　70
たおやか……姿や動作、態度が上品でしなやかなさま　71
胸に迫る……思いが胸いっぱいに溢れたときに　72
ろうたけた……積み重ねられた洗練の優美さ　73

見目麗《みめうるわ》しい……顔立ちの整った正統派美人を評して 74
あっぱれ……意外にも「あはれ」が語源だった 75
しおらしい……塩を狙う女性が由来 76
目端《めはし》が利く……「目鼻が利く」との混同に注意 77
緑の黒髪……黒髪を「みどり」と表現するわけは？ 78
ほんの手慰《てなぐさ》み……褒め言葉を嫌味にならないように返す 79
こらむ❷ 日本語の種類～「漢語」 81

第三章 相手をたしなめる大和言葉

しどけない……服装や髪の乱れをたしなめるときに 89
うだつが上がらない……日本家屋の建築用語が語源 90
すべからく……「すべて」の高級な表現ではない 91
たかをくくる……物事を甘く見るとたいへんな目にあう 92
何をか言わんや……相手を突き放すだけではいけない 93
おいそれ……「おい」は「はい」、「それ」は「それっ！」 94

第四章 気持ちを伝える大和言葉

沽券《こけん》にかかわる……体面、面目、人の値打ちを表す 96
易《やす》きにつく……手っとり早く楽なほうを選ばせない 97
惜《お》しむらくは……称賛のあとにマイナス点を指摘する 98
つまびらか……威圧感を感じさせずに襟を正させる 99
のべつまくなし……ひっきりなしの状態を意味する 100
にべもない……愛想のないことをひと言で 101
目くじらを立てる……海のクジラとは無関係！ 102
あけすけ……正直なことはよいことですが…… 103
ほだされる……断ちがたい絆に束縛された状態を意味する 104
そぞろ……何かに気をとられて集中できないようす 105
あたら……価値あるものの消失を残念に思う気持ち 106
おざなり……「なおざり」と違って、「おざなり」は少しはする 107
こらむ❸ 日本語の種類～「外来語」 109

第五章 仕事でつかう大和言葉

第六章　スピーチ・手紙につかえる大和言葉

ことほぐ……その場に幸福を招く言葉 199
来《こ》し方行く末……人生が進んでいくイメージを示す言葉 200
なかんずく……なかでもとくに、と強調する効果がある 201
徒《あだ》や疎《おろそ》かに……大事にします、という決意表明 202
こらむ❻ 日本人の季節感～「七十二候」 203

第七章 人柄を表す大和言葉

竹を割ったような……竹の割れ方、伸び方にたとえる 210
まめまめしい……「忠実忠実しい」と書いて「まめまめしい」 211
奥ゆかしい……控えめな態度で従順なこと、ではない 212
心ばえがよい……相手を気づかえる人のこと 213
甲斐甲斐《かいがい》しい……他人のためにひたむきに努力しているさま 214
ひたむき……全神経を集中して何かに取り組むようす 215
物堅《ものがた》い……しっかりして律儀な性格を表す 216
やんごとない……ただの貴いよりもはるかに高い尊敬を表す 217

第八章 季節・時間を表す大和言葉

陽炎《かげろう》……ゆらゆらと揺れて消えるはかないもの 239
草いきれ……草の匂いが強くても春や秋にはつかえない 240
しののめ……古代の住居の「篠の目」が語源 241
暮れなずむ……暮れそうで暮れないようすを表す 242
たそがれ……誰だかわからないくらいの薄暗い時間帯 243
逢魔《おうま》がとき……一日のうちで最も大きな災いにあう時間帯 244
夕映《ゆうば》え……夕日の光を受けて周囲が美しく見える 245
夜の帷《とばり》……闇があたりを静かに包み込むようす 246
朝な夕な……万葉の時代から親しまれてきた情緒的な言葉 247
ひねもす……「一日中」をより情緒的に伝える 248
とこしえ……永遠に変わることがないようす 249
たまゆら……宝石が触れ合うほんの一瞬のこと 250
主な参考文献 252

本文イラスト／小春あや
本文デザイン・DTP／伊藤知広

第一章

おもてなしの大和言葉

日本人は、「おもてなしの心」をもつ国民だといわれています。

おもてなしの心とは、すなわち、相手を思いやる心。日本人の伝統的精神です。

大和言葉には、そうした日本古来のおもてなしの心が息づいています。

この章では、たったひと言で相手を思いやったり、感謝したりすることのできる大和言葉を紹介します。

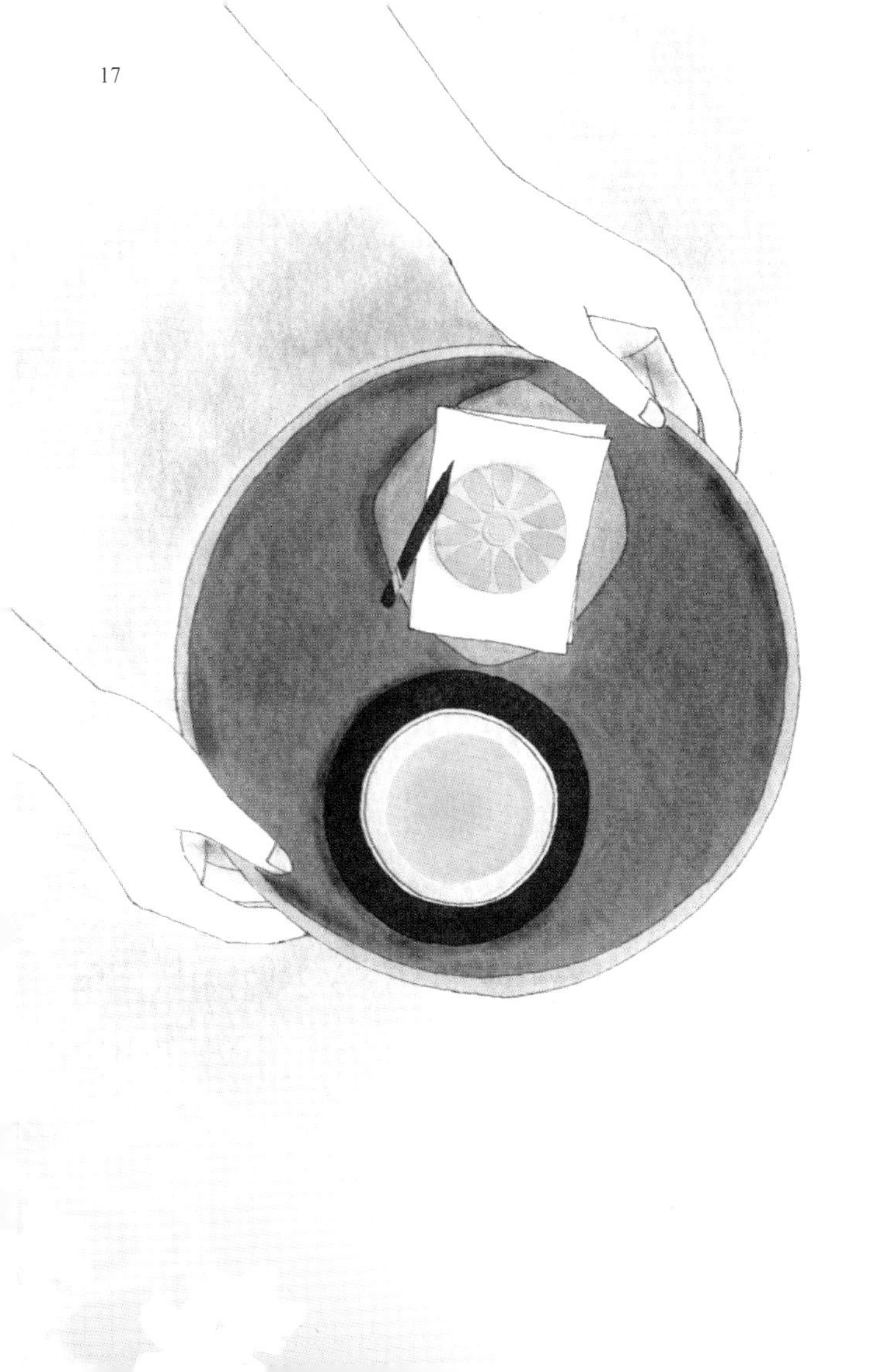

大和言葉	日常言葉	語源・由来・意味など	つかい方
お運び 24ページ	来る	行くこと、来ることを意味する尊敬語。	「ようこそいらっしゃいました」⬇「ようこそお運びくださいました」
お足元 25ページ	足元	「お足元」は相手を敬って、その足の周辺をいう言葉。	「足元が悪いなかを、ありがとうございます」⬇「お足元が悪いなかを、ありがとうございます」
ごゆるり 26ページ	ゆっくり	ゆったりとくつろぐさまを意味する「ゆるり」の丁寧語。	「ごゆっくりなさってください」⬇「ごゆるりとなさってください」
おみ足 27ページ	足	相手を敬って、その足をいう言葉。	「お足を楽にしてください」⬇「おみ足を楽にしてください」

大和言葉	日常言葉	語源・由来・意味など	つかい方
心置きなく 28ページ	遠慮せず	心を置く（気をつかう）の反対言葉。	「遠慮せずおくつろぎください」⬇「心置きなくおくつろぎください」
嬉しゅう 29ページ	嬉しく	「嬉しく」の変化形。イ段のあとに「ございます」がくる場合、このかたちになる。	「お会いできて嬉しく存じます」⬇「お会いできて嬉しゅうございます」
腕によりをかける 30ページ	一所懸命	糸をねじってからませて一本にする「よりをかける」から。	「一所懸命料理をつくる」⬇「腕によりをかけて料理をつくる」
お口汚し 31ページ	つまらないもの	食べ物が少なかったり、粗末だったりすること。	「つまらないものですが、どうぞ」⬇「お口汚しですが、どうぞ」

大和言葉	日常言葉	語源・由来・意味など	つかい方
上置《うわお》き 32ページ	トッピング	蕎麦《そば》やうどんなどの上に乗せて食べる副食物のこと。	「トッピングは何にしますか」➡「上置きは何にしますか」
箸休め 34ページ	つまみもの	主な料理の合間に別のおかずに手をつけ、箸を〝休める〟ことから。	「ちょっとつまみものにいかがですか」➡「ちょっと箸休めにいかがですか」
お粗末さま 35ページ	どういたしまして	相手に提供したものが粗末だと謙遜する言葉。	「どういたしまして」➡「お粗末さまでございました」
お召《め》し替え 37ページ	お着替え	相手を敬い、着替える服も敬っていう言葉。	「お着替えをなさいますか」➡「お召し替えをなさいますか」

大和言葉	日常言葉	語源・由来・意味など	つかい方
お持たせ 38ページ	お土産《みやげ》	お客からのお土産や贈り物「持たせ」に、「お」をつけた言葉。	「お粗末ですが、こちらをどうぞ」➡「お持たせですが、こちらをどうぞ」
お暇《いとま》 39ページ	帰る	休む間や別れを意味する「暇」の丁寧語。	「そろそろ帰ります」➡「そろそろお暇します」
おすそ分け 40ページ	余りもの	着物の裾《すそ》（つまらないもの）を意味する「裾分け」の丁寧語。	「余りものですが、よろしければどうぞ」➡「おすそ分けです。よろしければどうぞ」
印《しるし》ばかりのもの 42ページ	つまらないもの	ほんのわずか、少しばかりの意味。	「つまらないものですが」➡「印ばかりのものですが」

大和言葉		日常言葉	語源・由来・意味など	つかい方
ご笑納《しょうのう》ください	43ページ	お受け取りください	「笑納」の尊敬語。	「つまらないものですが、お受け取りください」➡「ご笑納くだされば幸いです」
心待ち	44ページ	待つ	心中で待ち望むこと。	「お越しになる日を待っています」➡「お越しになる日を心待ちにしております」
お相伴《しょうばん》	45ページ	ご一緒	主となる人に従って同じ行動をしたり、もてなしを受けること。	「喜んでご一緒させていただきます」➡「喜んでお相伴させていただきます」
卒爾《そつじ》	46ページ	突然	突然人に声をかけたり、ものを尋ねたりするときに用いる。	「突然ですが」➡「卒爾ながら」

大和言葉	日常言葉	語源・由来・意味など	つかい方
よしなに 47ページ	よろしく	よいように、よろしくという意味。	「よろしくお伝えください」⬇「よしなにお伝えください」
恐れ入る 48ページ	ありがとう	たいへん恐れることであったという気持ちを表す。	「ご指導いただき、ありがとうございます」⬇「ご指導いただき、恐れ入ります」
お骨折り 49ページ	ご尽力	苦労したことを意味する「骨折り」に、丁寧語「お」をつけた言葉。	「ご尽力いただき、ありがとうございます」⬇「お骨折りいただき、ありがとうございます」

お運び

来訪者が費やした体力や時間にも感謝する

「ようこそいらっしゃいました」「ようこそお越しくださいました」など、お客さまを迎える言い方はたくさんあります。

そのなかに「ようこそお運びくださいました」という表現もあります。これは、わざわざ来てくれた相手への気づかい、心づかいを最大限に伝える言い方です。

相手が何を「お運び」するのかというと、もちろん「足」。したがって、「ようこそお運びくださいました」と言えば、相手が来るまでに費やした体力や時間などにも気づかいをしたうえで、感謝していることになります。

遠路はるばる来てくれた人、悪天候のなか来てくれたお客さま。そうした人たちに、「ようこそお運びくださいました」と言ってお迎えすれば、より深い感謝の心が伝わることでしょう。

お足元

悪天候でも来てくれた人への思いやり

天候が悪いなか、わざわざ来訪してくれたお客さまに対しては、「お足元の悪いところをお越しいただき、誠にありがとうございます」と、労《ねぎら》いの言葉をかけます。お客さまとしては、このひと言をかけてくれるかどうかで、気分が大きく変わります。

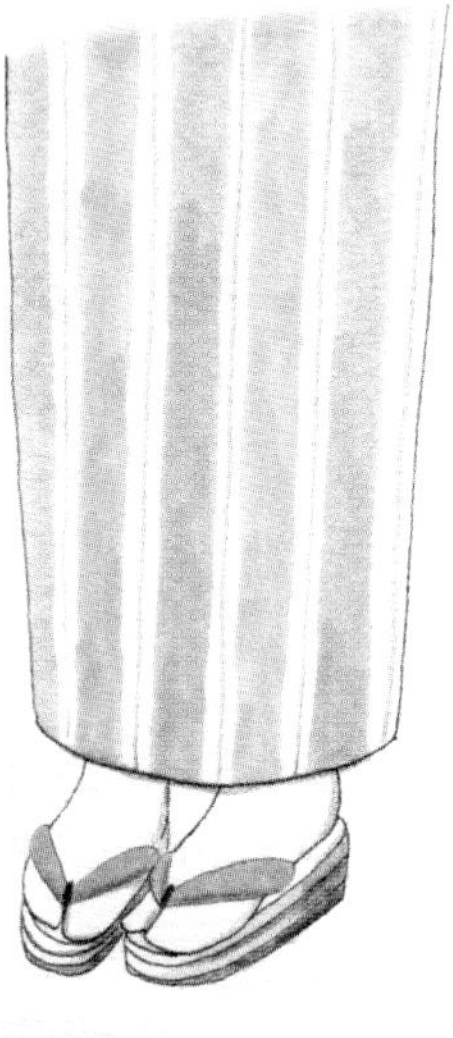

「お足元の悪いところ」の「足元」とは、足が立っている場所のこと。かつて舗装されていない道が多かった時代には、雨や

雪が降ると、地面がぬかるんで足元がひどく汚れましたし、ふつうに歩くだけでもかなり体力を消耗《しょうもう》しました。そうしたなか、約束どおりに来てくれたお客さまの労力を思いやって、この言葉が生まれたのです。

このように大和言葉には、相手の行為や思いを推し量ったうえで、それを労う言葉がたくさんあります。

ごゆるり

「ゆっくり」と「ゆったり」の合わせ技

夏目漱石の『草枕』という小説に、「床を延べる時にはゆるりと御休みと人間らしい、言葉を述べて、出て行った」という一文があります。

ここに出てくる「ゆるり」は、「ゆっくり」と「ゆったり」の両方の意味をもつ大和言葉。ゆっくりは主に時間、ゆったりは主に空間のゆとりを表現する言葉なので、「ゆるり」はその両方の意味を兼ね備えているといえます。その「ゆるり」の丁寧語が「ごゆるり」です。

「ごゆるり」は、時間・空間のゆとりを表す言葉です。お客さまがいらした際などに「ごゆるりとおくつろぎください」と言えば、気兼ねなくゆっくりしてもらいたいという気持ちを、さらに強めて伝えられます。

ちなみに現代では、就寝の際に「お休みなさい」と挨拶《あいさつ》しますが、昔の人は「ごゆるりとお休み」と声をかけ合っていました。それがいつのまにか「ごゆるり」が省かれ、「お休みなさい」となったようです。

おみ足

「お足」では少し違う意味になる場合も

かしこまって正座をしているお客さまに対して、「お足を楽にしてくださ い」とひと言。これで意味が通じますが、少し奇妙な言い方でもあります。

なにしろ「お足」という言葉は、平安時代の女房詞《にょうぼうことば》で「お金」の意味。つまり、「お金を楽にしてください」と伝えたことにもなるのです。

「足」を丁寧に表現するのなら、「おみ足」をつかいたいものです。冒頭の場面なら、「おみ足を楽になさってください」が適切な言い方になります。

おみ足という言葉には、宮中や貴族社会を連想させる典雅な響きもあるので、とても美しく聞こえます。

「**お平《たいら》になさってください**」という言い方もあります。

「お平」には「高低のない所」といった意味や胡坐《あぐら》という意味があるので、正座を崩して楽にしてください、という意味となります。

心置きなく

遠慮がちな訪問客に効果が大きい

よその家にお呼ばれすると、誰でも遠慮がちになるものです。どんなに親しい間柄でも、気持ちが落ち着くまでには時間がかかります。

自宅にはじめていらしてくれたお客さまが、なんとなく、そわそわしているように思えたら、「心置きなくおすごしください」というひと言をおかけしてください。

「心置きなく」は、「心を置く」の反対言葉。「心を置く」とは「気をつかう」の意味なので、「心置きなく」は「何も気にしなくてよい」とか「遠慮なく」といった意味になります。

はじめての来宅で、やや緊張気味のお客さんとしては、「遠慮しないでください」と言われるより、「心置きなくおすごしください」と言われたほうが安心できるでしょう。

この大和言葉には、大きなリラックス効果があるようです。

嬉しゅう

目上の人に嬉しい気持ちを伝えるのにぴったり

年齢や立場が上の人と会ったときに「お会いできて嬉しいです」では、失礼になる場合もあります。正しい言い方は「お会いできて嬉しく存じます」なのですが、これでは少し堅苦しい印象を与えてしまいます。

そこで、「お会いできて嬉しゅうございます」をつかってみましょう。「嬉しゅう」は響きが柔らかく美しい大和言葉です。

直接言葉にするのは古風すぎて抵抗があるという人でも、手紙やメールなら用いやすいのではないでしょうか。「お会いできて、とても嬉しゅうございました」とお伝えすれば、なんと慎《つつ》ましやかで美しい表現だろうと、相手も感心してくれるに違いありません。

腕によりをかける

腕前をよく見せようと張り切る

結婚したばかりの奥さんが、旦那さんにはじめてお弁当をつくり、「気合いを入れてつくったよ」と笑顔で渡しました。当然、旦那さんは喜んでくれるでしょう。

しかし、こんなときには「気合いを入れて」ではなく、「腕によりをかけてつくったの」と言ってみてはどうでしょうか。

「よりをかける」とは、糸をからませて一本にすること。ここから、本来もっている力を何倍も束ねて意気込んでいるようすを意味するようになりました。

「気合いを入れる」もいいでしょうが、「腕によりをかけて」のほうが、お弁当づくりに込めた愛情が強いように感じられます。ふたりの気持ちも、一本の糸のように、より深い愛情でからみ合うかもしれません。

手間はかかっていないが自信作？

お口汚し

突然、夫が会社の同僚を連れて帰ってきました。「簡単なものでいいから、何かツマミを頼むよ」と夫が言うので、自家製のお新香と常備菜のきんぴらごぼうをお出ししました。

このとき、料理に添えて口にしたのが、「ほんのお口汚しですが、どうぞ」というひと言です。

「お口汚し」という言葉は「口が汚れるだけの簡単で粗末なもの」の意味で、自らを一段低いところに置いて相手を敬う敬語の一種。

お客さまに対して、大皿に盛られた料理や丼物などを出すときにはつかえませんが、小品をお出しする際にはぴったりの言葉です。

さほど手間はかかっていないけれど、自分としてはちょっと自信のある料理。そういった微妙な料理を微妙な気持ちでお出しするときには、「お口汚しですが」をつかうと、よい印象をもってもらえるはずです。

上置《うわお》き

和の雰囲気を壊さないために

ラーメンやピザ、アイスクリームなどの楽しみ方のひとつに、トッピングがあります。ラーメンに海苔《のり》や卵、メンマを乗せたり、ピザにシーフードやベーコンを乗せたり、アイスクリームに刻んだナッツやチョコレートを乗せたり……。自分の好みで自由にアレンジできるトッピングは、とても楽しいものです。

しかし、和食の場合はどうでしょう。

いくらトッピングという言葉が定着しているとはいえ、和食にこの英語はまったくそぐいません。

もし高級和食店の板前さんが、「旦那、トッピングは何にしますか」などと聞いてきたら、その瞬間、美味しいはずの料理の味も落ちしてしまうでしょう。

和食の場合、トッピングに相当する言葉は「上置き」です。

ご飯や蕎麦《そば》、うどんなど、和食の上に副食物を乗せるかどうかを相手に尋ねるときには、「上置きはいかがなさいますか？」と表現してみましょう。

和食の雰囲気を壊さずに、食事を楽しむことができるはずです。

箸休め

小皿や小鉢の小料理のこと

いくら美味しい料理でも、同じものばかり食べていると、ちょっと味の違うものがほしくなります。たとえば、かつ丼を食べているときに、お新香や野菜のおひたしなどが少量あると、とっても嬉しいですよね。

和食の場合、メインのおかずやご飯、汁物などとは別に、お膳の上に小鉢や小皿に少しずつ盛り付けられた料理があるのが一般的。これを「箸休め」と称します。

メインの料理を食べているとき、その料理からいったんお箸を離して別の料理に手をつける。そこから「箸休め」と名づけられました。まさに文字どおりの意味ですが、その響きには遊び心も感じられ、なかなか粋《いき》な言葉です。

この「箸休め」という言葉には便利なつかい方があります。お客さまに小料理をお出しする際、「ちょっとした箸休めにしかなりませんが、どうぞ召しあがってみてください」などとつかうのです。

これにより、それほど手間がかかっておらず、たいして美味しくもありませんが、という謙遜の気持ちを伝えることができます。

お粗末さま

「どういたしまして」よりも、畏《かしこ》まった表現

料理をお出しした相手に「ごちそうさま」と言われたとき、どのような

言葉を返しますか？　おそらく、「どういたしまして」と返答する人が多いのではないでしょうか。

「どういたしまして」は相手の感謝に対し、謙遜の意味を込めて返す言葉なので間違いではありません。

しかし、相手が自分より上の立場の人の場合は、「お粗末さまでございました」と返してみるとよいでしょう。

「お粗末さま」は、「どういたしまして」よりも謙遜の度合が高い言葉になります。

この言葉を用いれば、より畏まった印象が強調できます。

また、「お粗末さま」は、仕事を手伝うなどして「ありがとうございました」「ご苦労さまでした」と、労《いたわ》れたときにも活用できます。

「きょうも一日、ご苦労さま」と上司に言われたら、「お粗末さまでございました」と返せば、知的で奥ゆかしい印象を残すことができます。

お召《め》し替え

親切さと言葉の妙でイメージアップ

「お食事の前にお召し替えをなさいますか？」

旅館の仲居さんにこう聞かれました。「お召し物をお預かりいたします。浴衣《ゆかた》はこちらにございますので」と、丁寧にコートをハンガーにかけてくれる姿にも感心することしきりです。

「お召し替え」とは着替えを意味する言葉で、「お召し物」は洋服・和服を問わず着衣の意味。

「お着替えをなさいますか？　コートをお預かりします」と言われるよりも、優雅で細やかな感じがします。

レストランなどで椅子に掛けていた洋服が落ちていたら、「お召し物が落ちていますよ」と声をかけてみましょう。ちょっとした親切の言葉が、スマートな印象につながることでしょう。

お持たせ

お客さまからのお土産《みやげ》をすぐ出すときに

お客さまからいただいたお土産を、その場ですぐに出すときは気をつかうものです。せっかくいただいたのですから、お出しして一緒に食べるのは決して悪いことではありません。しかし、何も言わず当然のようにお出しするのは失礼にあたります。

では、どのような言葉を添えればよいのでしょうか？

自分で用意したものを出すときのように、「お粗末ですが……」と言うのは、もちろん厳禁。お客さまからのいただきものですから、それに敬意を払った表現をしなければなりません。

こうしたケースでは、「いただきもので恐縮ですが」と言ったりもしますが、最もふさわしいのは「お持たせ」という言葉でしょう。

これは「お持たせもの」を略した言葉。お客さまが持っていらしたお土産や贈り物を表す「持たせ」に、丁寧語の「お」をつけた言葉とされます。

「お持たせで恐縮ですが」「お持たせで失礼いたします」というひと言を添えてお土産をお出しすれば、失礼になりません。

お暇《いとま》

自宅に招いてくれた相手を悲しませないために

自宅を訪れていたお客さまに「そろそろ帰ります」と言われて、なんとなく寂しい気持ちになったことはありませんか？　それは「帰る」という言葉から、「もうここにはいたくない」といったニュアンスが感じられるからです。

そこで、自分が相手に帰るという意思を伝えるときには、「お暇いたします」という言葉をつかうようにしましょう。

「お暇」とは、休む間や別れを意味する「暇」の丁寧語で、「お暇する」は「あなたの前を去っていく」の意味になります。「帰る」と意味は同じですが、「帰る」より柔らかく感じられます。

しかし、「お暇」を用いる際には注意が必要です。この言葉には、「職を離れる」「離婚する」の意味もあるからです。上司や配偶者に対してつかうと、とんでもない誤解をされることにもなりかねませんので、気をつけてください。

おすそ分け

楽しみを分けてあげれば絆が深まる

青森の親戚から送られてきた箱いっぱいのリンゴ。とても家族だけでは食べきれそうにないので、ご近所に配ることにしました。これを「おすそ分け」といいます。

「おすそ分け」は、人からもらったものや自ら得たものを別の人に分け与えることであり、最初からその人のために用意したものではありません。

しかし、自分の楽しみを周りの人にも分けてあげようという気持ちからの行為ですので、それによって絆が深まったり、困ったときに助けてもらえたりといった効果が期待できます。

「余りものですが、よろしければどうぞ」と言って渡すより、「おすそ分けです。よろしければどうぞ」と言い添えて渡したほうが、相手は喜んでくれるでしょう。

ただ、目上の方に用いてはいけません。余りものを渡すという意味がありますから、失礼にあたります。

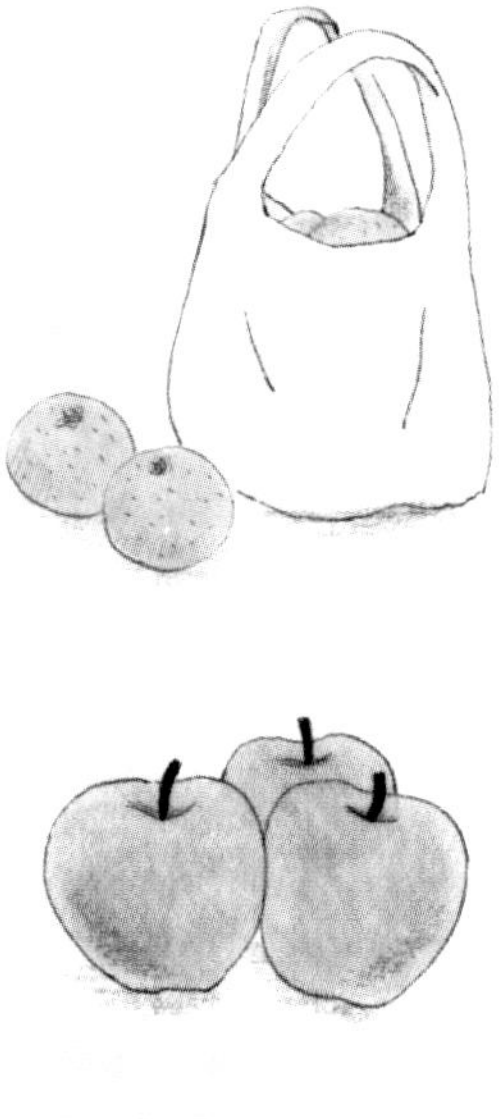

印《しるし》ばかりのもの

「つまらないもの」はもう〝つまらない〟？

贈られてきた食べ物や、旅行先で買ったお土産《みやげ》など、ちょっとしたものをおすそ分けするとき、「つまらないものですが……」という言い方がよくつかわれます。いまも昔も定番の言いまわしといえるでしょう。

決して「つまらないもの」ではないのに、あえてそう表現するのは相手の負担を軽減するためです。相手がお返しやお礼をどうしようと思い悩む気持ちを少しでも軽くしたいという、優しい気持ちの表現なのです。

しかし最近は、少しずつ変化が起こっているようです。「つまらないもの」という表現を額面どおりに受け取ってしまう人や、あまりにも謙遜しすぎてかえって失礼、といった印象を受ける人が増えてきているようなのです。

そこで、「つまらないもの」の代わりに、「印ばかりのもの」という表現を用いてみてはいかがでしょうか。

「印」は小さな記号なので、「ほんのわずかなもの」という意味になります。

品物にも食品にもつかえるので、とても便利です。また、否定形の言葉をともなわないので響きも柔らかく、どんな世代の人にも抵抗なく受け入れられるはずです。

ご笑納《しょうのう》ください

贈り物にひと言添えるなら、これ！

お中元やお歳暮などの贈り物をする際、添え状を加える人は少なくありません。品物を贈るだけでなく、たとえ短い文章であってもひと言添えると、相手に気持ちが伝わりやすくなるものです。

しかし、そのようなときも、「つまらないものですが、お受け取りくださ い」などと、「つまらない」という言葉をつかってしまいがち。

この場合は、「どうぞご笑納くださ い」「ご笑納くだされば幸いです」といった表現をしてみましょう。

「笑納」は「つまらないものですが笑って納めてください」といった意味

が込められた言葉で、畏《かしこ》まりながらも親しみが感じられる表現です。

こうした微妙なニュアンスを伝えられる点も、伝統の言葉の魅力のひとつでしょう。

心待ち

待ち遠しさ、ワクワク感を伝えられる

「お越しになる日を、心待ちにしております」

こんなメールや手紙をいただいたら、心がキュンとするのではないでしょうか。「心待ち」という言葉からは、相手の期待感が手に取るように感じられるからです。

通常は「お待ちしています」としますが、「待つ」という言葉は受身です。それに対し、心中で待ち望むこと表す「心待ち」という言葉は、ポジティブな印象があります。相手が来るのが待ち遠しい、そのワクワク感を伝えられるのは「待つ」ではなく、「心待ち」なのです。

そして、実際に相手がいらしたときには、「お待ちしておりました」の言葉も忘れずに。決まり文句ではありますが、やはり実際の言葉で伝えられると嬉しいものです。目上の人の場合には、「お待ち申しあげておりました」と言うとよいでしょう。

お相伴《しょうばん》

目上の人に食事の誘いを受けたときのひと言

食事をごちそうされたとき、「お相伴にあずかりまして、誠にありがとうございます」と、お礼を述べることがあります。たとえば、上司とともに接待を受けたときなどです。

本来の接待相手は上司ですが、自分も同席したために食事をいただいた。そんなときに、「自分までごちそうしていただきまして……」という謙遜の意味を込めてつかいます。

本来、「相伴」とは主となる人と同じ行動をすることを意味します。お伴《とも》をするといった意味です。それがいつしか、主となる人物とともにもてなしを受けたときに用いられるようになりました。

食事をすすめてくれた目上の人に対して、「喜んでお相伴させていただきます」とつかうこともできます。

ただしこの場合、「お相伴にあずかる」ではなく、「お相伴させていただく」となるので注意しましょう。

卒爾《そつじ》

突然、何かを行なう際につかう

「卒爾」は「率爾」とも書き、「突然であるさま」を表します。

昔の人は突然何かを行なうとき、この言葉をつかい、「卒爾ながら、○○さんではありませんか？」「卒爾ながら、近くまで来たのでお訪ねしました」などと言いました。

「卒爾ながら」という言葉をつけ加えると唐突さがやわらぎ、相手に対する突然の言動も失礼ではなくなったのです。

現代では口語としてはほとんど用いませんが、年輩の方と話すときや、手紙で頼みごとなどをするときに、「突然ですが」の代わりに「卒爾ながら」を用いると、古風で折り目正しい雰囲気を漂わせることができます。

よしなに

「よろしく」よりも丁寧で強い

お世話になった知人の家を訪ねたところ、当の本人が不在で、ご家族の方が対応してくれました。そこで贈答品を渡し、「○○さまによろしくお伝えください」と、お礼の言葉を述べて立ち去りました。

でも、こんな場面では、「よろしくお伝えください」を「よしなにお伝えください」と言い換えてみましょう。

「よしなに」とは「よいように」「よろしく」と同義語ですが、「よろしく」より丁寧で強い印象を与えます。改まった場面でつかうと効果があるのではないでしょうか。

また、「あなたにお任せしますので、よい具合になるよう適切に処理をお願いします」という意味ももっていますから、「適当に」「適宜《てきぎ》に」といった言葉の代わりに用いることもできます。

「上司には適当にうまく伝えておくよ」と言うより、「上司にはよしなに報告しておくよ」と言うほうが感じよく聞こえます。

恐れ入る

感謝だけでなく謙虚さも伝えられる

「ありがとうございます」「感謝します」といった感謝の気持ちを伝える言葉のなかに、「恐れ入る」という言葉があります。

たんに感謝の気持ちを伝えるだけでなく、恐縮していることも伝える言葉です。相手の厚意をたいへんありがたく感謝している一方で、自分はそこまでの厚意を示してもらえるほどの存在ではない、という謙遜の気持ちも表しているのです。

目上の人や上司に親切にしてもらったときには、「ありがとうございます」や「感謝いたします」と言っても問題ありません。

しかし、「恐れ入ります」をつかったほうが、謙虚なイメージを伝えられて、より印象的でしょう。

また、そこまで畏《かしこ》まっているわけではありませんが、あまりよく知らない相手に尋ねる際、「恐れ入りますが、そちらさまへの道順を教えていただけますか?」といった用い方をすることもあります。

お骨折り

苦労を厭《いと》わず力を尽くしてくれた人への感謝

自分のためではなく、他人のために力を尽くすことを「お骨折り」と表現します。

「骨折り」という言葉のイメージからもわかるように、ちょっとだけ手伝うとか、気が向いたので協力するというよりは、苦労も厭わずに世話をするという意味です。その並々ならない行動や覚悟といった部分が含まれているのです。

誰かに力を尽くしてもらったとき、支えてもらったときには、「この企画が成功したのは、ひとえに関係者の皆さまにお骨折りいただいたからです」「お骨折りいただき、誠にありがとうございました」などと、「骨折り」の言葉を用いて感謝の気持ちを示してあげてください。

きっと相手も、あなたの感謝のほどがわかり、労力が報われてよかったと思うことでしょう。

こらむ
①

日本語の種類～「大和言葉」

わたしたちが常日頃つかっている日本語は、「大和言葉」「漢語」「外来語」の三種類で成り立っています。ここではまず、本書のテーマの大和言葉について詳しく説明しましょう。

はるか昔、日本人は固有の文字をもっていませんでしたが、独自の言葉を創造し、それで会話をしていました。その言葉こそ大和言葉。日本で生まれた純粋な言葉です。

大和言葉の特徴としては、響きが優しく美しいことがあげられます。また、相手に対する思いやりの気持ちが込められている点も、大きな特徴です。

飛鳥《あすか》～奈良時代に編まれた日本最古の和歌集『万葉集』は大和言葉の宝庫で、収載歌はほとんど大和言葉で詠《よ》まれています。時代を経るごとに漢語や外来語が増え、大和言葉の存在感は薄れていきますが、いまに受け継がれているものも少なくありません。

第二章

相手を称える大和言葉

褒《ほ》め言葉はさまざまにあります。しかし、甘い言葉や聞こえのよい言葉を並べたとしても、こちらの気持ちが相手に伝わらなければ、なんの意味もありません。それどころか、嫌味にとられてしまうことさえあります。その点、大和言葉なら相手を褒め称える気持ちを品よく美しく伝えることができます。大和言葉の真骨頂がここにあります。

大和言葉		日常言葉	語源・由来・意味など	つかい方
手だれ	59ページ	精通している	十分に技量が備わっていることを意味する「手《て》足《た》り」の変化形。	「あの人は剣術に精通しています」⇒「あの人は剣術にかけては手だれです」
玄人《くろうと》はだし	60ページ	プロ級	専門家が裸足《はだし》で逃げ出すほどの腕前をもつ人を意味する。	「彼の料理の腕前はプロ級だ」⇒「彼の料理の腕前は玄人はだしだ」
このうえない	61ページ	最高の	よいこと、悪いことに関わらず、最高の、これ以上ないを意味する。	「最高に感動しました」⇒「このうえなく感動しました」
得《え》も言われぬ	62ページ	言葉にできない	不可能を表す「え〜ず」の「え」に強めの助詞「も」を加えた言葉。	「言葉にできないほど嬉しい」⇒「得も言われぬほど嬉しい」

大和言葉	日常言葉	語源・由来・意味など	つかい方
水際立《みずぎわだ》つ 63ページ	ひときわ目立つ	陸と海や川の区別がはっきりしていることを示す「水際立つ」が由来。	「彼の働きぶりはひときわ目立っている」➡「彼の働きぶりは水際立っている」
打てば響く 64ページ	頭がよい	太鼓を打つとすぐ音が鳴るように、何かを働きかけるとすぐ反応する状態。	「彼は頭がよいです」➡「彼は打てば響く人です」
舌鼓《したつづみ》を打つ 65ページ	おいしくて感動する	おいしいものを食べたときに鳴らす舌の音を、楽器の鼓にたとえた言葉。	「アンコウ鍋のおいしさに感動した」➡「アンコウ鍋のおいしさに舌鼓を打った」
まろやか 67ページ	やわらかな	角がなく丸々としているさまや、当たりがやわらかで穏やかなさま。	「このケーキ、やわらかな口当たりです」➡「このケーキ、まろやかな口当たりです」

大和言葉	日常言葉	語源・由来・意味など	つかい方
うがつ 68ページ	本質を突く	穴を掘る、開けるを意味する「うがつ」に由来。	「本質を鋭く突く人ですね」⬇「うがった見方をする人ですね」
大人《おとな》しい 69ページ	従順、穏やかな、騒がない、静かな	年長者らしい。落ち着いたの意味の「大人」が形容詞化した言葉。	「大人らしく成熟した人ですね」⬇「大人しい人ですね」
いたいけ 70ページ	かわいらしい	「痛い」にようす・気配を示す「気」がついた「痛い気」の音便形。	「かわいらしい子どもが頑張っている」⬇「いたいけな子どもが頑張っている」
たおやか 71ページ	しなやかで優しい	曲がる、しなわせる、気力がなくなるを意味する「たおむ」が語源。	「あの人はしなやかな身のこなしをする」⬇「あの人はたおやかな身のこなしをする」

大和言葉		日常言葉	語源・由来・意味など	つかい方
胸に迫る	72ページ	感動する	素晴らしいものに接して心を動かされたときにつかう。	「ピアノの演奏に感動した」➡「ピアノの演奏は胸に迫るものがあった」
ろうたけた	73ページ	優美な	女性の気品ある美しさに対して用いる。	「優美な女性に魅了された」➡「ろうたけた女性に魅了された」
見《み》目《め》麗《うるわ》しい	74ページ	容貌が美しい	顔立ちを意味する「見目」に、麗しいを加えた言葉。	「あの女優は容貌が美しい」➡「あの女優は見目麗しい」
あっぱれ	75ページ	見事	しみじみした悲哀や感動を意味する「あはれ」の派生語。	「きみの態度はじつに見事だった」➡「きみの態度はじつにあっぱれだった」

大和言葉		日常言葉	語源・由来・意味など	つかい方
しおらしい	76ページ	控えめな	封建時代、男性の塩を狙う女性の姿に由来する。	「今日のきみは控えめだね」↓「今日のきみはしおらしいね」
目端《めはし》が利く	77ページ	判断力がある	普通の人なら見逃してしまうような端っこのことも鋭くとらえる人を表す。	「彼は判断力がある」↓「彼は目端が利く」
緑の黒髪	78ページ	みずみずしい黒髪	「みずみずしい」を語源とする「ミド」が変化したものとの説がある。	「みずみずしい黒髪を櫛《くし》でとく」↓「緑の黒髪を櫛でとく」
ほんの手慰《てなぐさ》み	79ページ	なかなかの腕前	気晴らし、暇つぶし、ちょっとした趣味や道楽で行なうこと。	「私は、ゴルフはなかなかの腕前です」↓「私は、ゴルフはほんの手慰みです」

手だれ

優れた腕前の持ち主のこと

何かの技や芸に並はずれて精通していて、それを存分に発揮する人を「手だれ」と呼びます。

時代劇に登場する「手だれ者」は、剣を巧みに操り相手を倒す腕前の持ち主。「手だれ女」を、色香《いろか》で男を翻弄《ほんろう》し、いいようにあしらう女性として表現した小説もあります。

この言葉は、技術を表す「手」が十分に「足りて」いることを意味する「手足り」が変化したものと考えられます。熟練の「練」の字を当て、「手練れ」と書かれることもあります。

小説家についていわれることも多く、たとえば恋愛小説を得意とする作家は、「恋愛を描かせたら、彼は当代一の手だれだ」などと評されます。そして新作が出るたびに、今度はどんな恋愛シーンがあるのかと期待されることになるのです。

玄人《くろうと》はだし

プロが裸足《はだし》で逃げ出すほど上手な人

友人につくってもらった魚の煮込み料理が、お店で食べるような素晴らしい出来だったので、「美味しかったよ。きみの料理の腕前はプロ級だね」と褒《ほ》めてあげました。

「プロ級」という言葉はよくつかわれますが、和食を評する際に適切かどうかというと、疑問符がつきます。和食なのですから、和の雰囲気を損なわないように、「きみの料理の腕前は玄人はだしだね」と褒めてあげてはどうでしょうか。

「玄人はだし」は、人の腕前や技術を褒めるときに用いる言葉です。「玄人」とは、その道の専門家、いわゆるプロのこと。その専門家、プロでさえ裸足で逃げ出すほど優れているという意味で、「玄人はだし」というのです。

これを間違えて、「素人《しろうと》はだし」と覚えている人がいますが、素人が裸足で逃げ出したところで何の意味もありませんし、そもそも「素人はだし」

という言葉は存在しないのでご注意を。

このうえない

「最高の」よりさらに高い素晴らしさ

「このうえない」は、それより上のもの、それに勝るものはないという意味で、大和言葉特有の柔らかさと穏やかさをもった言葉です。

同じ意味の言葉に、「最高の」や「最上の」がありますが、あまりに多くの場面で使用されるため、どうしてもありふれた印象になりがちです。

また最近は、「超」や「すごく」を連発する人もいますが、当然ながらこれらの言葉を改まった場で用いることはできません。

目上の人に親切を受けて心を打たれたときには、「最高に感動しました」ではなく、「このうえなく感動しました」と伝えましょう。そのほうが、相手の行為の素晴らしさをより高く表現できます。

得《え》も言われぬ

「得も言わず」と間違わないように！

長年大ファンだった小説家の新作刊行記念サイン会に参加できることになりました。でも、あまりに嬉しすぎて、なんと声をかけたらよいかわかりません……。

そんな言葉にできないほどの感興《かんきょう》を表すときにぴったりなのが、「得も言われぬ」です。「お会いできて、得も言われぬ喜びです」などとつかいます。

「え～ず」で「～することができない」を意味し、「え」の下に強めの助詞「も」

が加わって「えも〜ず」となりました。

「得も言われぬ」のあとには、「美しさ」「素晴らしさ」「おいしさ」など、その事柄を褒《ほ》め称える、よい言葉が続けられます。

これとよく似た言葉に、「得も言わず」がありますが、こちらは「言うほどのことはない」という正反対の意味になる場合があります。相手を褒めるどころか、マイナスに評価する言葉ですので間違えないようにしましょう。

水《みず》際《ぎわ》立つ

際立った働きをした人に

「水際」とは、陸地が海や川などと接している部分を指します。「水際作戦」といえば、敵や不都合なものが上陸する前、問題が大きくなる前に食い止めることをいいます。

この「水際」を「水際立つ」とすると、褒《ほ》め言葉になります。

もともと「水際立つ」は、陸地と海や川の区別がはっきりしているようすをいい、そこから、くっきりと鮮やかなさまや、ほかよりも際立つことを意味するようになりました。

企画を成功させた部下に対して、「きみの水際立った働きぶりがあったからこそ、今回の企画を成功させることができた」などと言えば、立派な褒め言葉になります。特筆されるべき功労が大げさで誇大な表現にはならず、部下のさらなるやる気を引き出すことができる褒め言葉です。

打てば響く

頭の回転の速さを示す最高の称賛

「彼は、何を聞いても打てば響くように答えが返ってくる。ほんとうに賢い」――人に何かを尋ねたり、働きかけたり、教えたりすると、すぐさま望ましい反応が返ってくる。そんなようすを「打てば響く」と表現します。

太鼓を打って音が鳴り響くまでの時間は、わからないくらいの一瞬ですが、そのような速さで感心するような反応があるというわけです。

昔はよい意味でも悪い意味でも用いられていましたが、いまではよい反応を示す言葉として定着しています。とくに、頭脳明晰《めいせき》なことを表す際によく用いられるようです。

素早い反応をする人は、常に相手の言うことをよく聞き、それを理解して適切な言動をするようにつとめています。「打てば響く」は、そんな人に対する最高の褒《ほ》め言葉です。

舌鼓《したつづみ》を打つ

おいしいものを食べたときに鳴らす音

おいしいものを食べたとき、あまりの味のよさに思わず舌を鳴らしそうになったことはないでしょうか？　この音を和楽器の鼓にたとえた言葉が「舌鼓」。実際に舌で音を立てなくても、おいしさを堪能《たんのう》したなら、「舌鼓を打った」と表現できますし、「奥さまの手料理のおいしさに、みな舌鼓を打っていましたよ」と褒《ほ》め言葉としてもつかえます。

つい、「したづつみ」と言ってしまいそうですが、「鼓」ですから「したつづみ」と発音してください。

舌を鳴らすといえば、不快なときにチッと音を立てる「舌打ち」もあります。「舌鼓」も、かつては不快なときにもつかわれていましたが、現在ではおいしいときだけに用いられています。

また、お腹いっぱいで満足なさまを「**腹鼓《はらつづみ》を打つ**」と表現します。おめでたいリズムの鼓の音は、楽し食事の雰囲気にぴったりですね。

まろやか

グルメ番組で定番のひと言

グルメ番組によく登場する褒《ほ》め言葉のひとつに、「まろやか」があります。シチューなどを口にしたタレントが、「う～ん、まろやかな味」と、うっとりしています。

「まろやか」を漢字で書くと「円やか」。文字どおり、角がなく丸々としているさま、当たりがやわらかで穏やかなようすを表します。

食べ物の味ならば渋さや辛さがなく、自然の甘味が引き出された状態です。よく熟成したお酒の味も、「まろやかな口当たり」などと表現します。

年齢や経験を重ねて、人格や物腰が穏やかに柔らかくなった人のことを「角が取れて丸くなった」と表現しますが、これも「まろやかになった」と同じ意味でしょう。

人の声や話し方を褒めるときに、「まろやかなお声ですね」と言うと、好印象を得ることができそうです。

うがつ

「うがちすぎ」ないように注意！

「きみはうがった見方をするんだね」と言われたら、「私はそんなに疑い深いのかな、ひねくれているのかな」と、考え込んでしまう人が多くいるかもしれません。「うがった見方」は何事も疑ってかかる、考えすぎ、といったマイナスのイメージにとらえられることが多いからです。

しかし、「うがつ」のもとの意味は穴を掘る、開けるで、そこから物事の本質や隠れた部分を、的確に見抜くことも意味するようになりました。すなわち、「うがつ」は褒《ほ》め言葉なのです。「うがった見方をする人だね」と言われても落ち込む必要はありません。褒められているのですから！

ただし、「うがちすぎ」になると、うがつことの度がすぎて、かえって真実からそれてしまい、要点を見失うことを意味します。

どこまでが「うがつ」で、どこからが「うがちすぎ」なのか、自分のなかで線引きをしておいたほうがよいでしょう。

大人《おとな》しい

静かにしているという意味のほかにも……

騒がないで静かにしている子どもは、「大人しい、いい子だね」と褒《ほ》められますが、「大人しい」は外面だけを表すわけではありません。

もともと「大人しい」は、成熟して思慮分別《しりょふんべつ》があり、落ち着いているという意味。人の内面を評価する大和言葉だったのです。

現代では成人が「大人しい」と評されると、「私って物足りないのかな」「つまらないってことかな」と考えてしまいます。これは、「大人しい」の本来の意味が知られておらず、ただ従順なだけ、自己主張しないだけ、といった消極的なイメージが強いからでしょう。

子どもではない人を評して「大人しい」というときには、「あの人は大人しくて信頼できるね」「大人しくて慎重だね」などと、ひと言つけ加えるのがおすすめです。

そうすれば、こちらの意図を理解してもらえるはずです。

いたいけ

心が痛いほど愛らしい

幼くてかわいらしいことを、「いたいけ」といいます。古くは物が小さくて好ましいさまを意味しましたが、いつしか幼い者のかわいらしさを示す言葉となりました。

語源は「痛い気」、つまり見ると心が痛むほどに愛らしく思われるさま、とされています。かわいいのに、なぜ心が痛むのかと不思議に思うかもしれませんが、「目のなかに入れても痛くない」という表現もあるように、本来は痛いものが、かわいらしい、いじらしいという気持ちが募ると、その痛さも消えるようです。

小さな子が、何かに一所懸命になっているときなどに、「いたいけな子どもが、頑張っているね」などと用います。

また、「親に先立たれたいたいけな子ども」などと、いじらしくて痛々しいようすを表すこともあります。

たおやか

姿や動作、態度が上品でしなやかなさま

「たおやか」は、しなやかで荒々しくないようすを示し、姿や動作、態度が上品でしとやかな、主に女性を賛美するときに用いる言葉です。

語源の「たおむ」は弾力があって折れずに曲がる、しなう、気力がなくなるといった意味の言葉で、「たおやめ」は、すぐには折れないで、しなやかで優しい女性を表します。

また「たおやめぶり」は、『万葉集』の歌風である「ますらおぶり」に対比され、『古今《こきん》和歌集』以降の女性的で優雅な歌風を表します。

「たおやか」な女性は少なくなっているのでしょうか？ しかし、「彼女はたおやかな身のこなしをしますね」「たおやかな雰囲気のある人ですね」といった褒《ほ》め方は、好感をもって受け入れられます。

胸に迫る

思いが胸いっぱいに溢れたときに

　素晴らしいものに接して心を動かされたときの表現は、「最高だ」「ぐっときた」などいろいろありますが、感動をより深く伝えたいなら、「胸に迫る」という言葉をつかってみてはどうでしょうか。

「胸に迫る」とは、思いが胸いっぱいに溢れるほど押し寄せること。

　知人のコンサートに招待されたときなどに、「あなたの演奏は胸に迫るものがありました」と伝えると、その相手はとても嬉しく、いつまでも心に残る言葉となるに違いありません。

　これによく似た言葉として、強く衝撃を受けるほど感動したときに用いる「**胸を打つ**」、じわじわと心に満ちるときに用いる「**胸にしみる**」などがあります。

　自分の気持ちをよく見つめて、状況によってつかい分けると、感情の機《き》微《び》まで表現することができます。

ろうたけた

積み重ねられた洗練の優美さ

女性の美しさを表現する言葉はたくさんありますが、「ろうたけた」も知っておきましょう。漢字では「臈長けた」と書きます。

「臈」とは元来、僧侶が授戒《じゅかい》したあとに籠《こも》って修行を積んだ年数のことで、「長ける」は盛んになる、優れているという意味です。そして、この二つの言葉が合わさった「臈長けた」は、長年の経験があって洗練された、気品のある優美なさまを表すのです。

洗練された大人の女性に対して「ろうたけた女性」と称すれば、気品の

ある美しさを褒《ほ》めることになります。

また長い年月、その美しさを変えない光景や花を、「ろうたけた風情」「ろうたけた色」などと表現することもあります。

見《み》目《め》麗《うるわ》しい

顔立ちの整った正統派美人を評して

「見目」は「眉目」とも書き、見た目、容貌のことを表します。したがって、「見目麗しい」はそのものズバリ、顔かたちが優れている、器量よしという意味になります。

整った顔立ちの正統派美人を表現するのにぴったりの褒《ほ》め言葉で、結婚披露宴のスピーチでお嫁さんを褒めるときなどによくつかわれます。

ことわざの「見目は果報の基」「見目は果報の下地」は、女性の美貌は当人に幸福をもたらすという意味です。美しい女性は、見そめられて玉の輿《こし》に乗ったりしますから、「美人はおトク」といったところでしょうか。

あっぱれ

意外にも「あはれ」が語源だった

「よっ、あっぱれ！」

晴れがましい活躍をした人を褒《ほ》め称える言葉としてつかわれているのが「あっぱれ」です。元気いっぱいでおめでたいイメージがあります。

ところが意外にも、その語源は「あはれ」なのです。

「あはれ」は、主にしみじみした悲哀や哀憐《あいれん》、感動を意味する言葉。「あっぱれ」はそこから派生し、強調する促音《そくおん》「っ」が入って、鎌倉時代初期から称賛する気持ちを表す言葉として用いられるようになった、と考えられています。

「あわれ」を語源とすることに対して違和感を覚えるのは、漢字で「天晴れ」と書くせいかしれません。この字ももとは当て字です。

後輩が思わぬ働きをみせたときなどに、「あっぱれだね」と褒めてあげてください。きっと勇気づけられるはずです。

しおらしい

塩を狙う女性が由来

いつもは活発な女性が、なぜか控えめで大人しくしています。親しい人なら、「今日のきみはしおらしいね、どうしたの？」と、軽口をたたきたくなるところですが、さて、この「しおらしい」という言葉の由来をご存じでしょうか？

しおらしいの由来は、意外にも、女性が塩を請う姿にあります。

封建時代、塩はたいへんな貴重品でした。塩を手に入れたい女性たちは、旅人や行商人、あるいは塩包みを持って戦《いくさ》に出ようとする武士に目をつけ、色仕掛けで塩を巻き上げようとするほどだったのです。

しかし、いかんせん素人です。その迫り方はぎこちなく、恥ずかしそうなので、男性らも「塩を狙っているらしい」と気がつきます。そこから、「しおらしい」という言葉が生まれ、いまでは控えめで従順な女性を表すようになった、というのです。

しおらしいは、欲得ずくの行為から出た言葉ということになります。ただし、女性のかわいらしいようすを示す言葉であることは間違いありませんし、いまさら由来にこだわる必要もありません。いつもと違って、しおらしくしている女性は、ふだんとのギャップもまた魅力的です。

目《め》端《はし》が利く

「目鼻が利く」との混同に注意

「彼は、なかなか目端が利くから頼りになるよ」と言われるのは、視野が広くて状況を的確に見抜ける人です。

目の端までつかうのか、あるいは物事の端まで見通すのか、普通の人なら見逃してしまうようなことも把握して、状況に応じた判断ができる人に対する褒《ほ》め言葉です。

ただし、この「目端が利く」という言葉は「目鼻が利く」と間違われる傾向にあるので注意が必要です。

「きみは目鼻が利くね」では、まるでその人が動物的な勘だけで動いているようですし、そもそも「目鼻が利く」という言葉はありません。

おそらく「目鼻が利く」は、物事の見通しが立ったことを示す「**目鼻がつく**」と混同されて生じたのでしょう。

緑の黒髪

黒髪を「みどり」と表現するわけは？

つやのある美しい黒髪のことを、「緑の黒髪」と称します。日本女性らしい黒髪の魅力をよく言い表した言葉です。しかしながら、なぜ黒髪なのに「みどり」と表現するのでしょうか？

じつは、この「みどり」は色彩の緑でありません。「みずみずしい」を語源とする「ミド」が変化したもの、あるいは「水が通る、透《とお》る」が由来のものだと考えられています。

室町時代には、新芽のことを「みどり」と表現しました。また、赤ちゃんを「**みどり児**」というのも、生命力に満ちた新芽にたとえたものです。

ですから「緑の黒髪」といえば、みずみずしくて傷んでいない、若さを感じさせる黒髪を指すのです。

染めたり脱色したりで茶髪の人が多い昨今、黒髪にしている人は、きっとこだわりがあるのでしょう。「緑の黒髪ね」と褒《ほ》めると、我が意を得たりと喜んでくれるはずです。

ほんの手慰《てなぐさ》み

褒《ほ》め言葉を嫌味にならないように返す

日頃、できる限りの鍛錬をしており、それなりに自信をもっているスポーツや工芸・手芸などがあったとします。それについて上司などからお褒めの言葉いただいたら、あなたはどう応えますか？

「きみのゴルフの腕前は、セミプロ級だね」「きみの絵が展覧会で入賞したと聞いたよ。凄いなあ」。こうした言葉に対して、「いえ、そんなことはありませんよ」と、にべもなく否定してしまうと会話が成り立ちません。

かといって、「そうなんですよ、これには私も自信をもっています」と返すと、自慢しているようにも聞こえてしまいます。

そんなときに便利なのが、「ほんの手慰み」という言葉です。「いやいや、ほんの手慰みです」などとつかうと、気晴らし、暇つぶし、ちょっとした趣味や道楽でやっているという意味になります。言われたほうは、なんとなく「かなりの腕前なんだな」と思うはずです。

謙遜しすぎず、鼻高々といった素振りも見せず、技量の高さを誇りたい。そんなときにつかってみてください。

こらむ

②

日本語の種類～「漢語」

漢語は中国から日本に入って来た言葉です。「山《やま》」「川《かわ》」「海《うみ》」「美《うつく》しい」「やさしい」が大和言葉であるのに対し、「山林《さんりん》」「河川《かせん》」「大海《たいかい》」「美麗《びれい》」は漢語で、字音で読まれます。

漢語が本格的に流入しはじめたのは６世紀後半、飛鳥《あすか》時代のこと。最初は「香炉《こうろ》」「蠟燭《ろうそく》」「供養《くよう》」といった仏教関係の漢語が入って来て、のちに一般的な漢語が大量に入って来ました。当時、中国は東アジア随一の大国でしたから、日本人も漢語を積極的に受け入れたのです。

それでも江戸時代が終わるまでは、そこまで多用されていなかったのですが、明治維新以降、急速に増えていきました。

漢語の強みは、文字を組み合わせるだけで新しい言葉をつくれること。その点が開国後、多くの文物や概念が流入した日本で重宝したのでした。

第二章

相手をたしなめる大和言葉

人を注意するのは、褒《ほ》めるより難しいものです。
相手を正すためとはいえ、
角《かど》が立つような注意の仕方はいけません。
そこで重要になるのが、言葉の選び方。
穏やかで柔らかいニュアンスを含む
大和言葉を用いると、相手を怒らせたり、
落ち込ませることが少なくなるでしょう。

大和言葉		日常言葉	語源・由来・意味など	つかい方
しどけない	89ページ	だらしない	「支度＋解＋甚し」（支度がほどけて甚《はなは》だしい）が語源。	「今日の格好はだらしないね」➡「今日の格好はしどけないね」
うだつが上がらない	90ページ	出世できない	上から押さえつけられた屋根の短い柱などを語源とする。	「そんなことだと出世できないぞ」➡「そんなことだとうだつが上がらないぞ」
すべからく	91ページ	当然	動詞「す」＋助動詞「べし」で、当然、ぜひとも の意味。多くの場合、下に「べし」をともなう。	「学生は当然、勉強すべきです」➡「学生はすべからく勉強すべきです」
たかをくくる	92ページ	みくびる	中世の武士同士の争いに由来するとも。	「みくびっていると失敗するよ」➡「たかをくくっていると失敗するよ」

大和言葉	日常言葉	語源・由来・意味など	つかい方
何をか言わんや 93ページ	あきれてものが言えない	何を言おうか、何も言うことはない、と反語としてつかう。	「きみにはあきれてものが言えないよ」→「きみには何をか言わんやだよ」
おいそれ 94ページ	簡単に	下に否定の語をともない、「簡単に」「すぐに」を意味する。	「簡単に決められる問題ではない」→「おいそれと決められる問題ではない」
沽券《こけん》にかかわる 96ページ	体面にかかわる	平安期からの土地売買の証文「沽券」に由来する言葉。	「この商談の成否は体面にかかわる」→「この商談の成否は沽券にかかわる」
易《やす》きにつく 97ページ	楽なほうを選ぶ	自分にとって楽なほうを選ぶこと。	「楽なほうを選んではいけません」→「易きについてはいけません」

大和言葉	日常言葉	語源・由来・意味など	つかい方
惜《お》しむらくは　98ページ	残念ながら	「惜しむ」に接尾語の「らく」と助詞の「は」の付いた言葉。	「残念ながらこの点が間違っている」➡「惜しむらくはこの点が間違っている」
つまびらか　99ページ	詳細	つばらに、つがらかに、などと変化してきた。	「詳細に説明しなさい」➡「つまびらかに説明しなさい」
のべつまくなし　100ページ	ひっきりなし	幕を引くことなく芝居を演じ続けることに由来。	「ひっきりなしに食べると太るよ」➡「のべつまくなしに食べると太るよ」
にべもない　101ページ	無愛想	スズキの仲間の魚、にべに由来する。	「無愛想にしてはダメだよ」➡「にべもなくしてはダメだよ」

大和言葉	日常言葉	語源・由来・意味など	つかい方
目くじらを立てる 102ページ	ムキになって怒る	「目の端」を意味する「目くじり」が変化した言葉。	「そんなにムキになって怒るなよ」⇩「そんなに目くじらを立てて怒るなよ」
あけすけ 103ページ	ありのまま	なんでもありのままで包み隠しをしないことの意味。	「なんでもありのまま話さないように」⇩「なんでもあけすけに話さないように」
ほだされる 104ページ	束縛される	心を引き止める、自由を束縛するという意味の「絆《ほだ》す」の受け身形。	「情が移ってお金を貸してはダメです」⇩「情にほだされてお金を貸してはダメです」
そぞろ 105ページ	不注意	「すずろ」と同義。無意識にやっていることを指すことが多い。	「不注意だから失敗するんです」⇩「気もそぞろだから失敗するんです」

大和言葉	日常言葉	語源・由来・意味など	つかい方
あたら 106ページ	惜しくも	形容詞「惜《あたら》し」を感動詞として独立させた語。	「惜しくも無駄にするのか」➡「あたら無駄にするのか」
おざなり 107ページ	ないがしろ	芸人が座敷に応じて行なった芸「お座敷なり」が由来。	「夫にないがしろにされる」➡「夫におざなりにされる」

しどけない

服装や髪の乱れをたしなめるときに

人は驚くほど見た目に左右されます。だらしない格好をしていると、周囲の人から、「この人はだらしない人だ」と判断されてしまいます。

もし、友人がヨレヨレのシャツとボサボサ頭で待ち合わせ場所に現れたら、「今日はずいぶんしどけない姿だね」と注意してあげてください。

「しどけない」とは、服装や髪が乱れていてだらしない、無造作《むぞうさ》でしまりがない状態を意味します。

語源は「支度（し）＋解（とけ）＋甚し（なし）」などといわれており、読み下すと「支度がほどけて甚《はなは》だしい」となることから、このような意味になるともいわれています。

「だらしないね」と言えるような間柄でなければ、「しどけないね」を用いてください。トゲを含んでいない感じになります。

うだつが上がらない

日本家屋の建築用語が語源

実力はあるのに、どうもぱっとしない。なかなか出世できない。――そんな人は、「うだつが上がらない人」と評されます。

「うだつ（梲）」とは建築用語。日本家屋の妻《つま》側の屋根の梁《はり》と棟木《むなぎ》のあいだに立てる短い柱のことです。このうだつが屋根の上から押さえつけられているように見えることから、いつまでもぱっとしなかったり、出世できない人を「うだつが上がらない」と表現するようになりました。

同じく建築用語として、四国では建物からせり出した隣家との境界の防火壁のことを「うだち」もしくは「うだつ」と呼び、これを「うだつが上がらない」の由来とする説もあります。この防火壁は裕福な家しか設けられないことから、同様の意味としてつかわれるようになったそうです。

現状ではどうにもならず、先行きも暗い。そんな人には「いまのままだと、いつまでもうだつが上がらないぞ」と、はっぱをかけてみては？

すべからく

「すべて」の高級な表現ではない

ある政治家が「約束したことはすべからく果たしました」と演説したことがあります。選挙では立派な公約を並べていても、いざ当選すると何もしない政治家が多いのに、彼の言動はじつに素晴らしいものでした。

しかし、このひと言でガッカリした人も多いはずです。すべて実現したと言いたいのなら、「**おしなべて**実現した」と言うのが正しいからです。

「すべからく」は「すべて」の高級表現ではありません。「須く」と書き、「ぜひとも」「当然」といった意味になります。また、漢文の訓読から生まれた言葉なので、「べし」で結ぶのが基本です。

したがって、「学生なのだから、すべからく勉学に励むべし」などとつかいます。口語の場合は、「学生なのだから、すべからく勉強する必要があります」といった応用をするといいでしょう。

漢文由来ではありますが、間違わないよう、憶えておきたい言葉です。

たかをくくる

物事を甘く見るとたいへんな目にあう

子どもの頃、夏休みの宿題なんて本気でやればすぐ終わると、遊び暮らして新学期の前日に大慌て。楽に説得できると思っていた交渉相手が、意外に手強《てごわ》く逆に自分が窮地に陥った……。このように、物事を甘く見たり、相手を見くびったりすることを「たかをくくる」といいます。

この言葉は一説には、中世の武士の争いから生まれたとも。「たかをくくる」の「たか」は「高」で、武士の俸禄《ほうろく》を示す「石高《こくだか》」を意味します。「くくる」は「括る」と書き、米の収穫高などを計算しておくことを意味します。

当時の武士は、戦いの前に相手の石高を括って、勝てると思えば戦いを仕掛けました。つまり、勝てる相手を選んで戦ったわけです。

ここから「たかをくくる」は、相手を甘く見たり、見くびったりするときにつかわれる言葉となったのです。

「たいしたことがない」という意味の「たかが知れている」という言葉も、

同じような意味から生まれました。

たかが知れているとたかをくっていると、最後に泣くことになりかねません。何事も余裕をもって慎重に行動しましょう。

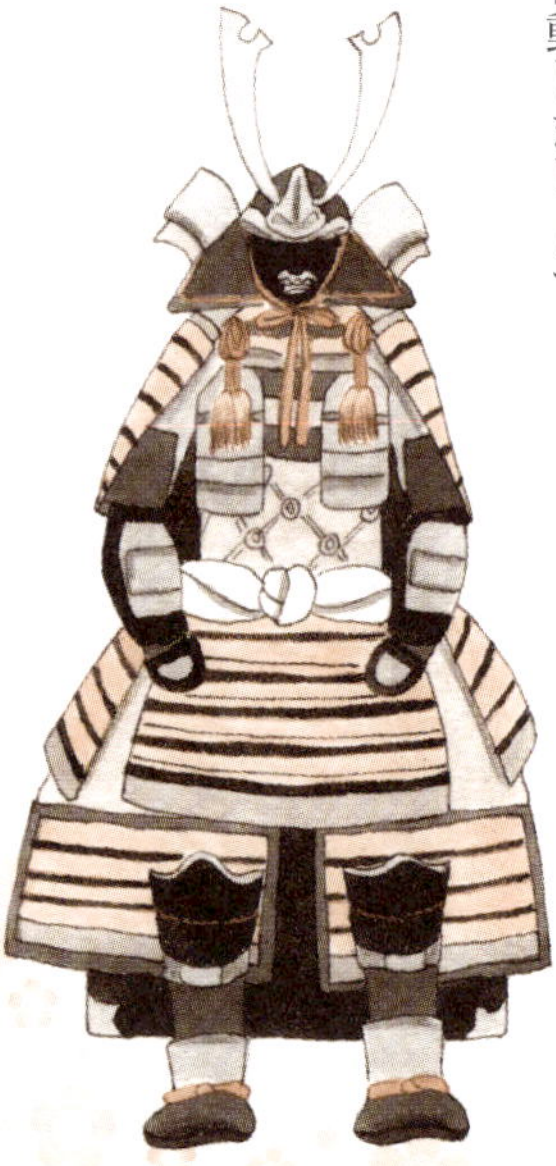

何をか言わんや

相手を突き放すだけではいけない

信じられないような間違いを犯した人に対して、「何を考えているのか。あきれてものが言えない」といった言い方で叱責《しっせき》すると、その人は萎縮してしまいます。人間関係が破綻する可能性もあるでしょう。

そんなときには「何をか言わんや」と、古風な言葉でたしなめてはどうでしょうか。「何を言うべきか、何も言うことがない」という意味です。「あきれてものが言えない」と同じ意味ですが、「何をか言わんや」には、たんに怒りの感情をぶつけるのではなく、反省を促すニュアンスを含みます。言葉の古めかしさも手伝って、相手は厳粛な気持ちで内省《ないせい》することになるでしょう。

おいそれ

「おい」は「はい」、「それ」は「それっ!」

「離婚しましょう」と言う妻に、「そんな大事なこと、おいそれと決めていいわけないだろう。もっとゆっくり話し合おう」と、抵抗する夫。夫婦の仲は、かなりこじれているようです。

「おいそれ」とは、「おい」と「それ」が合わさって生まれた言葉で、「お

いそれと～できない」といったかたちで、下に否定の語が付きます。

「おい」は「はい」の意味で、昔は人を呼ぶときだけでなく、返事をする際にもつかっていました。「それ」は「それきた」「それいけ」などの「それ」。

つまり、「おい」と返事して「それ」と動くというわけで、あまり深く考えずに承諾したり行動したりすることを意味しているのです。

夫婦は長く一緒にいると、「おい」「それ」で会話が成立するようになるものですが、近年は熟年離婚も少なくありません。「おい」「それ」の仲をおいそれと壊すことがないよう、熟考して結論を出したいものです。

沽《こ》券《けん》にかかわる

体面、面目、人の値打ちを表す

大きな仕事を任されたとき、年輩の上司に「この商談を成功させないと、会社の沽券にかかわるよ」などと言われたことはありませんか？　少し高圧的な言い方で、言われたほうはたじろいでしまいます。

この「沽券」という言葉の本来の意味は、土地の売主が土地の位置や広さ、売り値などを書いて買主に渡した売り渡し証文のことです。そこから、「売り値」「値打ち」といった意味をもつようになり、やがて体面や人の品位などを表すようになったのです。

江戸時代の場合、江戸住まいの大名や武士の生活する土地は幕府からの借り物でしたから、武士に沽券はありませんでした。家屋敷を売らなければならなくなり、沽券にかかわったのは商人です。

失敗すれば沽券にかかわる。そう言われたときの精神的な圧力は並大抵のものではありません。しかし成功すれば、その上司から最大級の褒《ほ》め言葉をもらえるのではないでしょうか。

易《やす》きにつく

手っとり早く楽なほうを選ばせない

人は楽なほうへ、楽なほうへと流れていってしまうところがあります。それが人情というものでしょうが、人として成長するには、ある程度の努力や苦労をしなければなりません。

まわりに面倒や苦労から逃げている人がいたら、「易きについてはいけません」とアドバイスしてあげてください。

「易き」は「簡単」「楽なこと」という意味。「易きにつく」で「楽なほうを選ぶ」という意味になります。

「楽をしてはいけません」と一喝《いっかつ》してもよいのですが、「易きについてはいけません」と言い換えたほうが、より心に響くはずです。

惜《お》しむらくは

称賛のあとにマイナス点を指摘する

あらかたできているのに、どうしても小さなミスを犯してしまう人。そのミスさえ解消できれば完璧なのですが、それがなかなか難しい。そんな人に対しては、褒《ほ》め言葉のあとに「惜しむらくは～」と続けて、ミスした点を指摘してあげると効果的です。

ほかにも、「基本コンセプトはよいけれど、惜しむらくは予算が少しオーバーしている」とか、「後輩の面倒見はよいけれど、惜しむらくは口が軽い」といった具合です。

もう一歩で合格点を得られるというニュアンスを含んでいるので、マイナスポイントも前向きに受け止めてもらえるのが特徴です。

相手の気分ややる気を損ねずに、きちんと問題点や改善点を指摘するのに便利な言葉といえるでしょう。

つまびらか

威圧感を感じさせずに襟《えり》を正させる

部下に対して、「今回のプロジェクトの進行状況がいまひとつ把握できない。現状を詳細に説明しなさい」などと言うと、どこか威圧的で萎縮されてしまいます。

では、「現状をつまびらかに説明しなさい」ではどうでしょうか。

「つまびらか」は「詳らか」と書き、「詳しいさま」「物事の細かいところまで明らかなさま」を意味します。

つまり、どちらの言い方でも同じ意味になるのですが、「つまびらか」という言葉は決して威圧的ではなく、優雅な響きのなかに静かな威厳を感じさせます。仕事に対する真摯《しんし》な姿勢も印象づけられるので「詳細に」よりもおすすめです。

「詳細を報告しなさい」と直接的に言うより、相手に与えるインパクトは強いことでしょう。

のべつまくなし

ひっきりなしの状態を意味する

結婚してからというもの、どんどん太っていく妻。とにかく食べるのが好きな妻に、「ひっきりなしに食べるから太るんだよ」と注意したいけれど、機嫌を損ねそうで、なかなか切り出せない——。

言い方を考えなければ、相手を傷つけてしまいます。そこで大和言葉の活用です。この場合ぴったりなのが、「のべつまくなし」。

「のべつまくなしに食べるから太るんだよ」と、注意してみましょう。

「のべつまくなし」とは、「のべつ幕無し」と書きます。つまり、途中で幕を引くことなく芝居を演じ続けることから生まれた言葉で、ここから絶え間のないこと、ひっきりなしの状態を指すようになりました。

「のべつ」だけでも同じ意味になりますが、さらに強調して「のべつまくなし」と慣用的に用います。「ひっきりなし」よりは、少し柔らかい印象ですので、相手を怒らせずにすむかもしれません。

にべもない

愛想のないことをひと言で

愛想のないことを「にべもない」と表現します。親しいはずの相手に対して無愛想な態度をとると、「にべもなかったね」などと言われます。

この「にべ」とは何かというと、じつは魚の名前です。イシモチとも呼ばれるスズキの仲間で、刺身や蒲鉾《かまぼこ》にして食べられます。食べるだけでなく、昔はにべの浮き袋から膠《にかわ》（接着剤）がつくられていました。その膠がたいへん強い粘着力で、よくくっつきました。

そうしたことから、「にべがある」＝「親密な関係、愛想がある」といった意味でつかわれるようになり、それが「にべもない」は「愛想がない」「そっけない」という意味に転じたといわれています。

お得意さまに対してなんとなく冷たい態度をとった同僚に、「無愛想だったね」とは言いにくいもの。「にべもなかったね」と言うと、少し和らいだ印象になります。

目くじらを立てる

海のクジラとは無関係！

相手の欠点を探すかのような調子で、ささいなことにムキになって怒ることを「目くじらを立てる」と称します。

「ムキになって怒る」という言い方より、「目くじらを立てて怒る」のほうが恐ろしそうに感じられ、より怒りが強いさまが伝わります。なにしろ、あの巨大な鯨《くじら》が立つというのですから……。

しかし、じつは「目くじらを立てる」と鯨は関係ありません。「目くじら」とは「目くじり」が変化したもので「目の端」を意味し、「くじる」には「シワが寄る」という意味もあるようです。つまり、目の端にシワが立つほど怒っているようすを表しているのです。

「そんなに目くじら立てて怒らなくてもよいでしょう」と諌《いさ》められたら要注意。そんな怒り方をすると、目尻にシワができてしまいます。穏やかにいきましょう。

あけすけ

正直なことはよいことですが……

彼女はあけすけな人ですね――。このような評価は、よいのか悪いのか判断に悩みます。あけすけとは「空ける」と「透ける」の二語が合わさった言葉で、「なんでもありのままで包み隠しをしないこと」という意味になります。

ただし、近年は「ざっくばらん」とか「あけっぱなしで露骨なさま」とい

った意味合いでつかわれることも多く、露骨すぎる人、遠慮のない人という、否定的な意味が強まってきているのです。

相手を正直な人だと褒《ほ》める場合は、「あけすけ」は用いないほうがよいでしょう。逆に、なんでも正直に話しすぎる人に対しては、「正直に言わないほうがいいですよ」と伝えると角《かど》が立つので、「あまりあけすけに言わないほうがいいですよ」と、やんわり注意するとよいでしょう。

ほだされる

断ちがたい絆《きずな》に束縛された状態を意味する

いくら親友の頼みでも、借金の保証人にだけはなってはいけないといわれます。ところが、つい情にほだされて印鑑を押してしまった……。

このあと辛い展開が待ち受けているのかもしれませんが、「情にほだされる」ということは、この親友とは切っても切れない関係にあったようです。

じつは「ほだされる」とは、「絆される」と書きます。つまり「絆」です。

もともとは馬の足などを繋《つな》ぎとめる縄を指す言葉でしたが、やがて絶つに忍びない恩や、離れがたい情愛を表すようになりました。

「絆」というとプラスのイメージをもちますが、「情にほだされて、お金を貸してはいけないよ」などと、ずるずるした関係をたしなめる際にもよくつかわれます。

そぞろ

何かに気をとられて集中できないようす

あえて行き先や目的を決めず、ブラブラと歩くことを「そぞろ歩き」と称します。「天気がいいので、近くの公園までそぞろ歩きした」というふうにつかいます。お散歩より、もっとブラブラ感があります。

「そぞろ」は「漫ろ」と書き、「進む」や「荒《すさ》む」と同じ語源だといわれています。

無意識に何かをしたり、原因や理由がわからないまま進んだり、何かに気をとられて集中できないさまを意味しており、自然、不意、意外、不本意、無関心、無自覚、漠然、軽率といった言葉で言い換えることができます。

この言葉は、不注意を戒《いまし》める際にもつかえます。

誰かがぼんやりしていて失敗をしたとき、「不注意だから失敗するんです」などと叱るより、「気もそぞろだから失敗するんです」と言います。「不注意」という直接的表現より、角《かど》を立てずにすむのではないでしょうか。

あたら

価値あるものの消失を残念に思う気持ち

「きみは才能を、あたら無駄にするのか？」

何かを諦めようとしているとき、誰かにこう言われたら、それはあなたの才能が認められている証拠です。「きみは才能がある。それを埋もれさせてはもったいない」と、忠告してくれているのですから。

「あたら」は「惜《あたら》し」を感動詞として独立させた言葉で、「惜《お》しいことに」

「もったいないことに」といった意味があります。

同じような言葉に「むざむざ」がありますが、「むざむざ」は「無思慮にも」「わざわざ好き好んで」といった批判的な意味合いをもつ言葉。「あたら」は惜しむ気持ちが強く感じられる言葉です。

「あたら無駄にするのか？」と忠告してくれる人は、あなたのことを真剣に心配しています。いま一度、考え直してみてはどうでしょうか。

おざなり

「なおざり」と違って、「おざなり」は少しはする

「きのうは結婚記念日だったのに、うちの旦那は私のことをなおざりにしたのよ！」

「え、食事に行く予定だったんじゃないの？」

「レストランに行ったことは行ったんだけど、なんだか仕事でトラブルがあったらしくて、気もそぞろだったの」

「それは、なおざりじゃなくて、おざなりでしょ？」

この会話からわかるのは、夫の不満を述べている女性は、言葉の意味を勘違いしているということです。この場合は、友人が言うように「おざなり」が正しいのです。

そもそも「おざなり」は「お座敷なり」を語源とする言葉で、昔、お座敷に呼ばれた芸人が、その座敷、座敷に応じた芸を行なったことから生まれました。たいした芸をしなかった者が多く、「おざなり」は「その場限り」「一時しのぎ」「間に合わせ」「気もそぞろ」といった意味をもつようになったのです。

一方、「なおざり」は放っておくという意味。つまり、「おざなり」は少しはするけれど、「なおざり」はまったくしないことを意味するのです。

食事中、仕事のことに気をとられていた夫の態度は、「おざなり」です。ただ、食事の約束を守ってくれたのはたしかですから、「なおざり」だと怒るのは酷な気もします。

こらむ
③

日本語の種類～「外来語」

日本には中国以外からも多数の言葉が入って来ました。それらをまとめて「外来語」といいます。

16世紀、日本がポルトガルやオランダと交流をもつようになると、さまざまな貿易品とともにヨーロッパの言葉が伝来しました。

たとえば、パン、テンプラ、タバコ、ボタンなどは、ポルトガル語が転じて日本語化したもの。ガラス、ガス、アルコールなどはオランダ語が転じて日本語化したものです。

さらに明治維新以降は、アメリカ、イギリス、ドイツ、フランスなどとも交流がはじまり、膨大な数の欧米の言葉が激流となってなだれ込んで来ました。

外来語は、一般的に片仮名で書かれ、目新しさがあるため、どうしても多用される傾向にあります。また、洒落たイメージが外来語が興隆を極めている理由のひとつともされています。

第四章

気持ちを伝える大和言葉

感謝の心、お詫びの気持ち、拒絶の意思、好意、嬉しさ・悲しさ……。

人の気持ちを伝えるのに、大和言葉は最適です。

大和言葉は日本に古くから根づいてきた言葉。つかい方しだいで微妙なニュアンスを伝えることができるからです。

日常の言葉に、さりげなく大和言葉を織り交ぜて、胸の内を表現してください。

御祝

大和言葉		日常言葉	語源・由来・意味など	つかい方
首ったけ	117ページ	夢中になる（とくに異性に）	「首丈」が促音《そくおん》化した言葉	「きみに夢中だよ」↓「きみに首ったけだよ」
そこはかとなく	118ページ	なんとなく	「どこがどうとはっきりしているさま」を表す「そこはかと」の否定形。	「なんとなく好きです」↓「そこはかとなく好きです」
憎からず思う	119ページ	好感を抱いている	「好き」という気持ちの婉曲《えんきょく》表現。	「あの娘に好感を抱いています」↓「あの娘を憎からず思っています」
おもはゆい	120ページ	恥ずかしい	「面映い」と書き、面は顔、映いは照り輝いてまぶしいこと。	「そんなに見つめられると恥ずかしい」↓「そんなに見つめられるとおもはゆい」

大和言葉		日常言葉	語源・由来・意味など	つかい方
あばたもえくぼ	121ページ	恋は盲目	疱瘡《ほうそう》の跡を意味する「あばた」さえも、えくぼのようにかわいく見えることから。	「惚れてしまえば盲目です」↓「惚れてしまえば、あばたもえくぼです」
思いのほか	122ページ	想定外に	想定外の事態が起こったことに対する驚きを表す。	「想定外に時間がかかりました」↓「思いのほか、時間がかかりました」
荷が勝つ	123ページ	無理です	背負っている荷物が重すぎて背負えない、という意味。	「その仕事は私には無理です」↓「その仕事は私には荷が勝ちます」
決まりが悪い	124ページ	恥ずかしい	もとは規則や秩序が保てないの意だったが、やがて恥ずかしい、困惑するなどの意に展開した。	「簡単な漢字が読めず恥ずかしい」↓「簡単な漢字が読めず決まりが悪い」

大和言葉	日常言葉	語源・由来・意味など	つかい方
やるせない 125ページ	気持ちをどうしてよいかわからない	「遣《や》る」は心を晴らすことで、「瀬」は渡河の際に休む場所。	「ほんとうに気持ちをどうしてよいかわからない」⬇「ほんとうにやるせない」
目頭《めがしら》が熱くなる 126ページ	ウルウルする	「目頭」は左右の目の鼻に近い部分。「熱くなる」は涙が湧くこと。	「社長の言葉でウルウルした」⬇「社長の言葉で目頭が熱くなった」
胸をなでおろす 127ページ	安心する	胸に抱いていた不安や心配を、上から下へなでて消すこと。	「プレゼンがうまくいき、安心しました」⬇「プレゼンがうまくいき、胸をなでおろしました」
相好《そうごう》をくずす 128ページ	顔をくしゃくしゃにして笑う	仏の身体「三十二相八十種好《しゅごう》」の「相」と「好」を合わせた言葉。	「頑固な祖父が顔をくしゃくしゃにして笑った」⬇「頑固な祖父が相好をくずした」

大和言葉	日常言葉	語源・由来・意味など	つかい方
たゆたう 129ページ	躊躇《ちゅうちょ》する	和歌などにつかわれた「たゆとう」が原型。	「どうするべきか躊躇している」➡「どうするべきか、たゆたっている」
敷居が高い 130ページ	行きにくい	玄関などの敷居が高ければ、またぐのに容易でないことから。	「あなたの実家には行きたくない」➡「あなたの実家は敷居が高い」
有頂天《うちょうてん》 131ページ	最高に嬉しい	仏教世界における無色《むしき》界《かい》（または色界）の最上層。	「合格して最高に嬉しいです」➡「合格して有頂天です」
ひとかたならぬ 132ページ	たいへんな	普通の程度を表す「ひとかた」の否定形	「たいへんお世話になりました」➡「ひとかたならぬお世話になりました」

大和言葉	日常言葉	語源・由来・意味など	つかい方
いたく 133ページ	とても	「痛く」「甚く」と書く。痛みを感じるほど感動したという意味。	「とても感動しました」⬇「いたく感動しました」
あまつさえ 134ページ	さらに	数量の過剰さを表す「余りさえ」を語源とする。	「さらに自分も病気にかかりまして」⬇「あまつさえ自分も病気にかかりまして」
よしんば 136ページ	もし〜でも	肯定しがたい極端な事態をかりに想定するさまを示す。	「もしあなたが騙《だま》しているとしても」⬇「よしんばあなたが騙しているとしても」

首ったけ

「どれくらい好き？」の返事にぴったり

「きみが好きだよ」「どれくらい？」「どれくらい言といわれても……」

女性は「好き」と一度言われただけでは満足しないことが多いようです。いつも「好き」と言ってほしいし、「どれくらい好き？」などと、言葉では表現しにくいことまで聞いてくることがあります。困りますねぇ。

そんな問いかけに、ぴったりな返事が「首ったけ」です。

「首ったけ」は「首丈《くびたけ》」が促音《そくおん》化した言葉で、「丈」は高さを表します。つまり、立った状態で足元から首までの高さのことを指し、首まで水に浸って溺れかけている状況を意味しています。

まさに溺れるほどに好きな状態が「首ったけ」。

これで細かい説明はしなくても、相手に夢中だということが伝わることでしょう。

なにしろ、溺れかけているわけですから……。

そこはかとなく

「なんとなく」では納得できない？

「そこはかとなく」もまた、「首ったけ」と同じような場面でつかうことができます。

交際をはじめたばかりの恋人に、「僕のどこが好き？」と聞かれて困ったら、「そこはかとなく好き」と答えればよいのです。

「そこはかとなく」は、「どこがどうというわけでもなく」「とりとめもなく」「はっきりはしないけれどなんとなく」という意味。

「どこがどうとはっきりしているさま」を表す「そこはかと」の否定形です。

「どこが好き？」に対して、「なんとなく好き」という答えでは相手は落胆するかもしれませんが、「そこはかとなく好き」と言われれば、その言葉の優しくて奥深そうな印象から、そこはかとなく納得してくれるかもしれません。

憎からず思う

遠回しに「好き」の気持ちを伝える

相手に特別な感情を抱いていることを伝える言葉は、「好き」「愛している」「好感をもっている」「惹《ひ》かれている」など数多くあります。それらのなかに「憎からず思う」という言葉も仲間入りさせてください。

文字どおりに受け取れば「憎くない」という意味ですが、惹かれている、好感を抱いているといった意味もあります。

つまり「憎からず思う」は、遠回しに「好き」という意味を伝える言葉なのです。

直接的に「好き」と言われるのも嬉しいものですが、「憎からず思っています」と婉曲《えんきょく》的に伝えられると、恥じらいの気持ちも伝わって趣《おもむき》が感じられます。

「おふたりはどういう関係なの？」と聞かれたときに「お互いに憎からず思っています」と答えると、柔らかい印象で仲のよさが伝わるでしょう。

おもはゆい

「かわゆい」と語源は同じ

いまの若い人は、「かわいい」のことを「かわゆい」と言ったりします。「かわゆい」は現代言葉のように思われがちですが、じつは大和言葉です。もとは「顔映い」と書いて「かおはゆい」と読み、これが転じて「かわゆい」となり、さらに「かわいい」へと変わったのです。じつは、「かわゆい」はとても古い言葉だったわけですね。

「おもはゆい（面映い）」もまた、「顔映い」と同じ意味をもちます。「面」は顔、「映い」は照り輝いてまぶしいことを表し、顔が火照《ほて》るような感じ、つまり恥ずかしい、照れくさい、といった意味になります。昔の人は恥ずかしがっているようすを、かわいいと思ったのでしょう。

「恥ずかしい」「照れる」「決まりが悪い」など、日本語には恥ずかしいさまを意味する言葉が多くありますが、「おもはゆい」は遠慮深い雰囲気。「少し面はゆいですね」と用いれば、慎《つつ》ましやかな印象を与えるでしょう。

あばたもえくぼ

なんでもよく見える魔法？

友人がさかんに褒《ほ》めそやす自慢の恋人に会ったところ、話とはかなり違っていて……。友人は「すごく美人だ」とノロけてばかりですが。

「恋は盲目」などとも称しますが、昔の人は「あばたもえくぼ」と表現しました。「あばた」とは疱瘡《ほうそう》の治癒《ちゆ》後の跡のこと。疱瘡にかかると、完治しても、あばたが残るケースが多かったようですが、そのあばたですら、惚《ほ》れた相手ならば、かわいいえくぼのように見えるというわけです。

とはいえ、「あばたもえくぼ」に見えるのは最初のうちだけ。長く付き合っていると、あばたはあばたにしか見えなくなるのが現実です。人間の心とは、移ろいやすいものなのです。

思いのほか

想定外の事態が起こり驚いている気持ち

謝るときも褒《ほ》められるときも便利なのが、「思いのほか」という言葉です。

取引先に出向くのに、渋滞に巻き込まれて約束の時間ギリギリになってしまったとき、「申し訳ございません。思いのほか時間がかかってしまいました」と言えば、丁寧でしかも誠実な印象を与えることができます。

また、仕事を早く仕上げて上司に褒められたときは、「思いのほか順調でした」といえば、謙遜の意味も込められます。

このように「思いのほか」という言葉は、自分でも予想していなかった思いがけない状況を、小粋《こいき》に表現できるのです。

日常会話のなかでは予想外の事態が起こったことを、「案外」「意外に」などの言葉をつかって表現しますが、これを何度も用いると、目上の人にはいいかげんな物言いに聞こえてしまいます。「思いのほか」という表現を、自然に会話に取り入れるようにしましょう。

荷が勝つ

「無理です」と言わずに上手に断わる

仕事や用事を頼まれたとき、それを断わるのは簡単ではありません。断わったことで相手をがっかりさせるうえ、言い方ひとつで機嫌を損ねられる場合もあるからです。

その仕事が自分のできる範囲を超えている場合、「私にはできません、無理です」と言うことが多いようですが、それだけでは自分の状態ばかり主張している、素っ気ない感じがして角《かど》が立ちやすいのです。

このような場合は、「私には荷が勝ちます」と言うと、場を丸くおさめられるでしょう。その仕事の重要さは承知しているのですが、「その責任や責務が大きすぎて自分にはとても負いきれません」という思いが伝わるうえに、少ない言葉数のなかに謙遜も含まれています。

よく似た言葉に「荷が重い」がありますが、「荷が勝つ」のほうが仕事を尊重していることをより表現できます。

決まりが悪い

かっこ悪い、恥ずかしいを格調高く……

簡単な漢字なのに読み方がわからず、書類を手にあたふた……。じつにみっともない話で、周囲の視線が気になります。そんなときの心境を表す言葉は、「決まりが悪い」。

「決まりが悪い」は、「合わせる顔がない」ほどではないけれど、面目《めんぼく》が立たなくて**「居心地の悪い」**感じがしているときなどにつかいます。

江戸時代の歌舞伎の台詞《せりふ》などでは、規則や秩序が保てないことを意味して用いられていましたが、幕末から明治期にかけて、「恥ずかしい、困惑する」などの意味をもつようになりました。

現代なら「かっこ悪い」でしょうが、「決まりが悪い」のほうが内面の微妙な心地悪さ、恥ずかしさなどの葛藤が感じられます。

やるせない

晴らせない気持ちをひと言で表す言葉

仕事で失敗し、そのうえ恋人にも振られてしまった。悲しくて苦しい感情を、どこにぶつければよいのかわからない……。

そんな悶々《もんもん》とした気持ちを言葉にするのは難しいのですが、「やるせない」は、どうでしょうか。

「やるせ」は「遣る瀬」と書きます。「遣る」は心を晴らすことで、「瀬」

は流れの早い川を歩いて渡るときに立ち止まれるような場所のこと。つまり「やるせない」は、心を晴らす場所がないという意味です。

悲しい気持ち、苦しい気持ちは、すぐに晴らすことはできなくても、誰かに「やるせないよ」と話してみましょう。言葉にすることで、少しは心が和らぐかもしれません。

目《め》頭《がしら》が熱くなる

目上の人に「ウルウルした」は失礼

最近では、涙が出そうなときに「ウルウルした」とか「ウルッときた」と表現することが多いようです。とくに女性がつかうと可愛らしく感じる表現ではありますが、目上の人との会話で「ウルウル」や「ウルッと」をつかうと、幼い感じや、馴《な》れ馴れしい印象を与えてしまいます。

目上の人と話す際、あるいは礼状を書くような場合には、「目頭が熱くなりました」という表現を使用してみましょう。

「目頭」とは左右の目の鼻に近い部分を指します。涙が出そうになると、この目頭がツーンとして、熱くなったような気がしませんか？　つまり「目頭が熱くなる」は、涙が込み上げてくるさまを表した言葉なのです。

胸をなでおろす

心に抱いていた不安や心配を消し去る

緊張すると、胸がドキドキします。胸のドキドキがおさまり、ホッとしたようすを「胸をなでおろす」と表現します。

「なでおろす」とは上から下へなでること。胸をなでおろすことにより、不安や心配が消えるというわけです。

「入社後初のプレゼンがうまくいって、胸をなでおろしています」

仕事上の会話はとかく冷めたものになりがちですが、「胸をなでおろす」という表現をつかうと、ただ「ホッとした」「安心した」と言うより、人間味があって暖かい空気が醸《かも》し出されます。

相《そう》好《ごう》をくずす

顔をくしゃくしゃにして笑うさま

「あなたが生まれたとき、あの頑固なおじいちゃんが一番に笑ったのよ」

こんな会話のなかで、「笑った」のかわりに用いてほしいのが、「相好をくずす」という言葉です。

「相好」は仏教語から出た言葉で、仏さまにだけ備わっている特徴という意味です。仏教では、仏の身体には常人とは違う優れた部分が「三十二相《さんじゅうにそう》」八十種好《はちじっしゅごう》」もあるとされていて、その「相」と「好」を合わせたのが「相好」なのです。

たんなる「笑う」ではなく「相好をくずす」と表現すれば、顔をくしゃくしゃにして喜び笑うさまを意味します。

普段はいかめしい顔をした人や気難しい人が急に笑顔になると、まるで仏さまのような顔に見えたからかもしれません。

たゆたう

揺れ動く心の動きを優しく伝える

「たゆたう」は、ゆらゆらと動き、物や物事が定まらないさまを表す言葉。現代語では「ただよう」に相当する言葉です。

しかし、「たゆたう」は語音のやさしさから、「ただよう」よりも儚《はかな》げに優しく揺れているイメージを抱かせます。

この「たゆたう」という言葉には別の意味もあります。ためらう、躊躇《ちゅうちょ》するといった心の動きを表すのです。

こちらの意味として、何かを決めかねて心が揺れているときにつかうことができます。

「せっかくいただいたお話ですが、どうするべきなのか躊躇しています」といった言い方を、「せっかくいただいたお話ですが、どうするべきなのか、私の心はたゆたっています」と言い換えるのです。揺れる心の動きが優しく伝わります。

敷居が高い

不義理をしているために行きにくい

夫の実家は遠いうえ、お姑《しゅうとめ》さんと気が合わず、ついつい疎遠になりがちです。夫は、お正月には息子を連れて久しぶりに実家に帰ろうと提案していますが、なんだか行きにくい気がします。

こうした状態を指して「敷居が高い」と称します。玄関の敷居が高いと、またぐのが容易ではないことから生まれた言葉で、不義理などをしていて、その家を訪問しにくい状態を意味します。

「無沙汰《ぶさた》して気が重いから

行きたくない」と言うより、「すっかりご無沙汰しているから敷居が高い」と言ったほうが、恐縮して行きづらいと感じているニュアンスが、より伝わることでしょう。

ちなみに、近年では「あのレストランは高級すぎて敷居が高い」といった用い方をしますが、これは間違い。「敷居が高い」は不義理などの理由があって行きにくいという意味です。気をつけましょう。

有頂天《うちょうてん》

最高に嬉しい気持ちを端的に表現する

合格は難しいといわれた学校に合格しました。その喜びは一入《ひとしお》。最高の喜びです。いまの若い人たちなら、「チョー嬉しい!」「チョー幸せ!」といったところでしょうか。

しかし、それ以上の喜びを表現する言葉があります。「有頂天」です。

「有頂天」は仏教用語。仏教の世界には下層から欲界《よくかい》・色界《しきかい》・無色界《むしきかい》の三つの世界があり、無色界（または色界）の最上層を有頂天といいます。「喜びが頂点に達した」とよく言いますが、頂点というのは人間のいる欲界の最上層ですので、有頂天とは比べものになりません。つまり有頂天は、喜びが想像をはるかに超えた高いところまで達した状態のことなのです。「合格して有頂天です」と言えば、最高に嬉しい気持ちを端的に表現することができるでしょう。

ただし近年は、あまりに嬉しすぎて得意の絶頂になり、上《うわ》の空になっている状況を「有頂天」と称することが多いようです。「あいつ、有頂天だな」などと言われないよう、いくら嬉しくても、ちゃんと周囲の空気を読むことも忘れないでください。

ひとかたならぬ

お礼の言葉をより心のこもったものに

お世話になった人に手紙を書いたり、お礼の言葉を述べたりする際、「このたびはたいへんお世話になり、ありがとうございました」という表現をよくします。「たいへん」をつけることによって、大いにお世話になったという気持ちを付け加えているのですが、この表現はあまりに平凡です。

そこで「このたびはひとかたならぬお世話になり、ありがとうございました」としてみましょう。

「ひとかた」とは、普通の程度という意味ですので、「ひとかたならぬ」はひととおりではない、という意味になります。「たいへん」よりも度合いが強く、さらに礼儀正しく、心がこもった印象を与えることができます。

いたく

感動の気持ちを格調高く表現

「先生のお言葉に、とても感激しました」

素敵な話を聞いたときには、その気持ちをできるだけきちんと相手に伝えたいものです。しかし、「とても」「すごく」「ひどく」といった言葉はちょっと平凡です。そこで「いたく」をつかってみましょう。「いたく」は漢字にすると「痛く」と書き、「胸が痛くなるほど強く感動した」という意味になります。「とても」や「すごく」より格調高く、しかも優雅な表現です。

「いたく」は、主に「心を打たれた」「感激した」といった言葉を強調するためにつかわれますが、「いたく残念」のように負の感情を表現する場合にも用いられます。

あまつさえ

不幸の連鎖に見舞われたときに……

悪いことがあり、そのうえにさらに悪いことが重なってしまった――そんな心が折れそうな状況でつかえるのが、「あまつさえ」です。「あまつさえ」は、「そのうえさらに、あろうことか」の意味。「あまりさへ」という古語が変化したもので、漢字では「剰え」と書きます。

「身内に不幸があり、さらに自分も病気をしてしまいまして」と言うところで、「身内に不幸があり、あまつさえ自分も病気をしてしまいまして」と言い換えます。

悪いことが重なって、最悪の状況に陥ったときに「あまつさえ」をつかうのです。「さらに」を用いるよりも知性が感じられます。

なお、「あまつさえ」がつかえるのは不幸な状況のみ。幸福な出来事が重なったときにはつかえませんので注意しましょう。

よしんば

「もし」よりも数段強い仮定を想定する

「よしんば徒労に終わっても、僕はチャレンジしてみたいと思います」

たとえ失敗しても挑戦してみたい、と決意を表明する言い方です。

「よしんば」は、「たとえそうであったとしても」「かりにそうであろうと」といった仮定を表す言葉で、たとえを用いて自分の気持ちを強調する際につかいます。

「もし～だったとしても」と用法は同じですが、「よしんば」は、話し手が肯定しがたい思いを抱いていることを示します。

「よしんばあなたが私を騙《だま》しているのだとしても、私はあなたが好きだからずっとそばにいます」などは、話し手は騙されているとは夢にも思っていない、というニュアンスを含んでいるのです。

こらむ

④

日本独自の文字「平仮名」の誕生

日本人が固有の文字をもっていなかった、ということはすでに述べたとおりです。それでは日本固有の言葉をどのように表記していたかというと、漢字で表記していたのです。

たとえば「ア」と発音するときは「阿」を、「イ」には「伊」を、「ウ」には「宇」を……といった具合に、その漢字のもつ本来の意味を考えず、音だけを当てていたのです。こうした用法は『万葉集』に多用されていることから、「万葉仮名」といいます。

その後、平安時代になると、万葉仮名が草書体に変わっていき、やがて独立した字体が生まれます。これが日本独自の表音文字「平仮名」です。

平仮名ができたばかりの頃は、和歌を詠《よ》む際や女性に限定してつかわれていましたが、そのうち漢字を併用した漢字仮名まじり文が一般化すると、男女どちらにも用いられるようになりました。

第五章

仕事でつかう大和言葉

仕事の現場は、常に緊張した雰囲気が漂い、ギスギスしがちです。そうしたなかでビジネスライクな言葉ばかりを用いていると、職場の空気は重くなる一方です。

そこで役立つのが大和言葉。

同じ意味であっても、大和言葉からは思いやりや温もりが伝わります。

職場にも彩りをもたらしてくれるはずです。

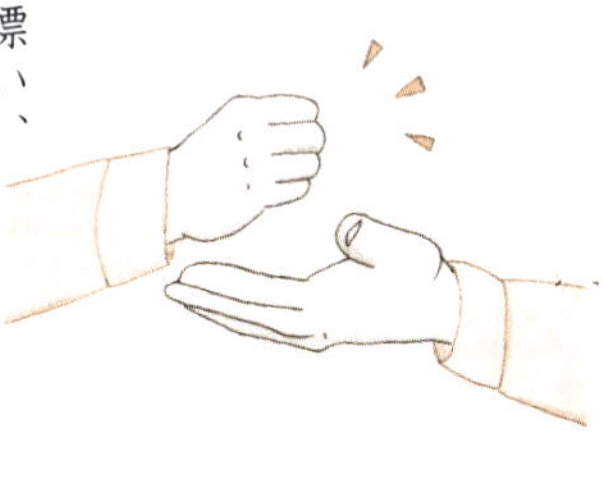

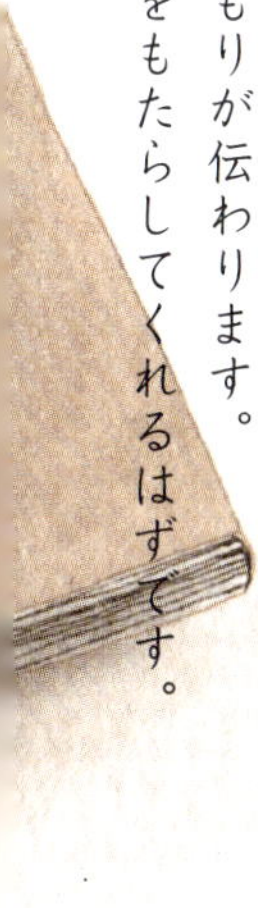

大和言葉	日常言葉	語源・由来・意味など	つかい方
なりわい 147ページ	仕事	生計を立てるためにする仕事のこと。	「仕事は陶芸家です」↓「なりわいは陶芸家です」
お見知り置き 148ページ	今後ともよろしくお願いします	目上の人との初対面の際や、部下を紹介するときにつかう。	「Aと申します。今後ともよろしくお願いします」↓「Aと申します。お見知り置きください」
お手すき 149ページ	お暇《ひま》	手が空いていることを意味する「手隙《てすき》」から。	「いま、お暇ですか?」↓「いま、お手隙ですか?」
塩梅《あんばい》 150ページ	具合、調子	按排・按配と塩梅が混同されてできた言葉。	「仕事の進捗《しんちょく》はどのような具合ですか?」↓「仕事の進捗はどのような塩梅ですか?」

大和言葉		日常言葉	語源・由来・意味など	つかい方
襟《えり》を正す	151ページ	気持ちを引き締める	服装を整えることで、気持ちを引き締めるという意味。	「社長の前では気持ちを引き締めなさい」⬇「社長の前では襟を正しなさい」
しのぎを削る	152ページ	激しく競る	刀で激しく斬り合う際、互いの鎬《しのぎ》がぶつかって削れるところから。	「A社と激しく競っています」⬇「A社としのぎを削っています」
伸《の》るか反《そ》るか	153ページ	イチかバチか	矢師が矢をつくるときのようすに由来する。	「今後のことはイチかバチかだ」⬇「今後のことは伸るか反るかだ」
下《げ》駄《た》を預ける	154ページ	任せる	的屋《てきや》が親分に身柄を預けることに由来するとされる。	「あとのことは部長にお任せします」⬇「あとのことは部長に下駄を預けます」

大和言葉		日常言葉	語源・由来・意味など	つかい方
はっぱをかける	156ページ	叱咤激励する	ダイナマイトで爆破することに由来する。	「目標達成のために叱咤激励する」➡「目標達成のために、はっぱをかける」
やぶさかでない	157ページ	快く～する	物を惜しんだがために縁遠くなるという意味の「やぶりさかる」を語源とする「やぶさか」の否定形。	「快く引き受けます」➡「引き受けることはやぶさかでありません」
おこがましい	158ページ	身のほど知らず	馬鹿げていてみっともないという意味の「痴《おこ》」「烏滸《おこ》」に由来。	「身のほど知らずな真似をしてすみません」➡「おこがましい真似をしてすみません」
水を向ける	159ページ	誘いをかける	巫女《みこ》が霊魂を呼び寄せるときに水をさし向けるところから。	「相手が話しやすいように誘いをかける」➡「相手が話しやすいように水を向ける」

大和言葉	日常言葉	語源・由来・意味など	つかい方
ゆるがせにしない 160ページ	しっかりやる	物事をおろそかにする「ゆるがせ」の否定形。	「しっかりとやらせていただきます」⇒「決してゆるがせにはしません」
いささか 161ページ	少し	量や程度の少なさを強調する言葉。	「少し時間がかかりそうです」⇒「いささか時間がかかりそうです」
有《あ》り体《てい》に申しますと 162ページ	正直に申しますと	「有体」は偽りや飾りのないことを意味する。	「正直に申しますと」⇒「有り体に申しますと」
憚《はばか》りながら 164ページ	ぶしつけですが	「憚る」は遠慮する、恐れ慎むの意味。	「ぶしつけですが、私はこう思います」⇒「憚りながら、私はこう思います」

大和言葉	日常言葉	語源・由来・意味など	つかい方
言わずもがな（165ページ）	わざわざ言う必要はない	「言わず」に願望を表す「もがな」が付いた言葉。	「そんなことは言う必要はない」⬇「そんなことは言わずもがな」
むべなるかな（166ページ）	もっともなことだ	なるほどを意味する「むべ」の感嘆詞。	「それはもっともなことだ」⬇「それはむべなるかな」
いたみいる（167ページ）	恐れ入る	心の痛みを感じるほど恐縮してしまうの意味。	「ご親切なご対応、恐れ入ります」⬇「ご親切なご対応、いたみいります」
いみじくも（169ページ）	まことに適切にも	悲しい、恐ろしい、たいそう立派なの意味の「いみじ」に由来。その連用形に「も」が付いたもの。	「まことに適切にも、おっしゃったとおりに」⬇「いみじくも、おっしゃったとおりに」

大和言葉	日常言葉	語源・由来・意味など	つかい方
たなごころ 170ページ	手のひら	「手の心」が変化した言葉。	「手に取るように明白です」➡「たなごころを指すように明白です」
ゆくゆくは 171ページ	将来的には	長いスタンスで将来の予測を表す。	「将来的には役員を目指します」➡「ゆくゆくは役員を目指します」
ままならぬ 172ページ	思いどおりにならない	思いどおりになる「随《まにま》に」から転じた「まま」の否定形。	「取引先とのやりとりが思いどおりにならない」➡「取引先とのやりとりがままならない」
とどのつまり 173ページ	結局は	「とど」は魚の名前に由来するという説がある。	「結局は失敗です」➡「とどのつまり失敗です」

大和言葉	日常言葉	語源・由来・意味など	つかい方
骨休め 174ページ	休養	仕事などの合間に身体を休めること。	「少し休養を取りなさい」⬇「少し骨休めしなさい」
はなむけ 175ページ	送別会や贈り物	かつての「馬の鼻向け」の慣習に由来する。	「これをA部長の送別会とします」⬇「これをA部長のはなむけとします」

なりわい

たんなる仕事とは少し違う

Aさんは陶芸家を目指して師匠のもとで修業していましたが、陶芸で食べていくのはなかなか難しく、いまはサラリーマンとして働いています。しかし陶芸家の夢はあきらめておらず、ときどき小さな個展を開くなどの活動を続けています。

そのAさんに、ある人が「見事な陶器ですね。プロの陶芸家さんですか?」と訪ねたところ、Aさんは「いや、陶芸は趣味で、サラリーマンで食っています」と答えました。

Aさんの発言は間違いではありませんが、「食っています」はちょっと下品な言い方です。こんなときは、「なりわいはサラリーマンです」と答えましょう。

「なりわい」は「生業」と書き、もとは作物が実るようにあれこれ努力することを意味しました。それが転じて職業を表すようになったのです。

さらに「なりわい」には、「生きていくための収入を得る仕事」という意味もありますので、「なりわいはサラリーマンです」と答えれば、陶芸はアマチュアとしてやっていて、サラリーマンで収入を得ているということが、相手に伝わるのです。

お見知り置き

今後も関係が続くことを期待して……

自分より立場が上の人とはじめて会ったとき、または部下を紹介するときに、「お見知り置きください」と挨拶《あいさつ》します。

通常は「今後ともよろしくお願いします」と言うところですが、相手を敬《うやま》う気持が強い場合は、「私の顔や名前を記憶にとどめてほしい」「これからもお付き合いしてほしい」という気持ちを込めてこう言います。とくに営業職の人はよくつかうでしょう。

もちろん、こう挨拶をするのは初対面の場合に限られます。一度会ったことのある人とパーティで再会し、「お見知り置きください」と言ってしまっては、相手が記憶に残っていないということになり、大失態です。

お手すき

上司は暇《ひま》にしているかどうか？

仕事が忙しくて猫の手も借りたいとき、ふと周りを見渡すと、係長が欠伸《あくび》をしています。そこで、「すいません係長、お暇でしたら手伝っていただけませんか？」と声をかけました。

これは失礼な言い方です。「すみません、お手すきでしたら手伝っていただけませんか？」と言い換えましょう。

実際に係長が手持ち無沙汰《ぶさた》にしていたとしても、目上の人に暇かどうかと尋ねてはいけません。「暇」という言葉に敏感に反応して、腹を立てる人もいるでしょう。

一方、「お手すきでしたら」と聞かれたら、相手は不愉快な気持ちをもちませんし、空いている手だから貸してあげよう、という気持ちになってくれること請け合いです。

塩梅《あんばい》

仕事の進み具合を尋ねるのに便利

年輩の方がちょうどよい湯加減のお風呂に入って、「ああ、いい塩梅だ」とつぶやいています。ほんとうに気持ちよさそうですね。

「塩梅」は「按排・按配」とも書きます。もともと「塩梅」は塩と梅酢で食べ物の味をほどよくするという意味で、按排・按配は物を具合よく並べるという意味でした。

この両方の意味が交じり合って、物事の具合や加減、調子、料理の味加減や健康状態などを表す言葉になったのです。

ビジネスの場面では、「仕事の進捗《しんちょく》状況はどのような塩梅ですか？」といったようにつかうと、詰問《きつもん》調にならずにすみます。

襟《えり》を正す

衣服や姿勢を整え、それまでの気持ちも改める

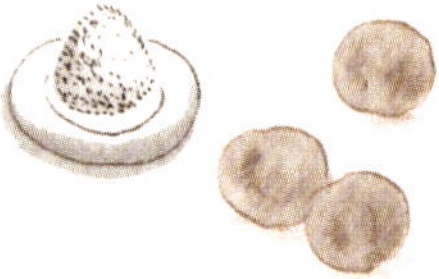

ある日の朝礼で支店長が、「今日は社長がうちの店におみえになる予定だ。みんな、襟を正してお迎えするように！」と言いました。社員全員の背筋がピン伸びたように思えました。

「襟を正す」とは、もともと「襟の乱れを正して服装を整える」という意味ですが、これが転じて気持ちを引き締めるという意味になりました。たしかに襟を整えると、背筋が伸びて気持ちもシャンとする気がします。

取引先の偉い方とお会いするとき、「お会いできると聞き、襟を正してま

いりました」と言えば、気持ちを引き締めたということだけでなく、謙虚な姿勢を伝えることもできます。

しのぎを削る

日本刀で斬り合うような接戦のこと

「新規契約は取れそうかね?」「現在、A社としのぎを削っています」

「しのぎを削る」は、どちらが勝つかわからないような緊迫した接戦を指す言葉です。こう報告すれば、上司も現況をすぐに把握してくれることでしょう。

そもそも「しのぎ」とは、「鎬」と書き、日本刀の刃と峰の間を縦に走って、山の稜線《りょうせん》のように高くなった部分をいいます。

刀で激しく斬り合う際に互いの鎬がぶつかって削れるところから、力のこもった接戦を「しのぎを削る」と表現するようになりました。

主に人や組織が能力を競い合う場合につかう言葉ですので、物に対しては用いません。

「彼とは入社以来、しのぎを削ってきた」と言えば、二人が出世争いでデッドヒートを繰り広げているとわかります。しのぎを削る相手がいることは、よい刺激となって自らを高めてくれることでしょう。

伸《の》るか反《そ》るか

イチかバチかやってみようというときに

明日は大事なプレゼンテーション。これでほんとうに大丈夫なのか？ 見落としはないか？ 万全を期したつもりでも、不安は募ります。一緒に準備を進めてきたスタッフも心配そうな顔つきです。

「よし、準備はできた。あとは伸るか反るかだ！」

プロジェクトリーダーのひと言で、スタッフ全員、心が決まりました。いまさらジタバタしても仕方ない。やることはやった、と。

「伸るか反るか」は、うまくいくか失敗するかわからないが、イチかバチかやってみようという状況を示す言葉です。思い切った賭《か》けをするときや、大勝負に挑むときにつかいます。

この言葉は矢の製作現場で生まれました。矢師は切り出した竹を型に入れて乾燥させて箭竹《やだけ》をつくり、それに矢羽と矢じりをつけて矢にします。

矢は少しでも曲がっているとまっすぐ飛びませんから、矢師はまっすぐか、反っていないか、イチかバチかの気持ちで型から箭竹を取り出しました。そこから「伸るか反るか」という言葉ができたのです。

ときどき、「乗るかそるか」と勘違いしている人がいますが、発車ギリギリの電車に「飛び乗れるか、乗りそびれるか」といった意味ではありませんので、「乗るかそるか」とは書きません。お間違えなきよう。

下駄《げた》を預ける

自分ではどうにもならないときに……

「あとのことは、部長に下駄を預けさせていただきます」

仕事で何か困ったことがあり、自分では判断や処理が難しい場合は、このように言って上司に任せるとよいかもしれません。

「下駄を預ける」とは、物事をうまく処理してくれるよう、相手に一任したかたちで依頼することを意味します。

「あとのことは、部長にお任せします」では押しつけたり、放り出すようなイメージを抱かれかねませんが、「下駄を預ける」と表現すると、信頼してあとをお願いしたような雰囲気が漂います。

語源は、的屋《てきや》が親分に身柄を預けることを「下駄を預ける」と称していたことに由来するとか、遊里や演劇の世界から出たと

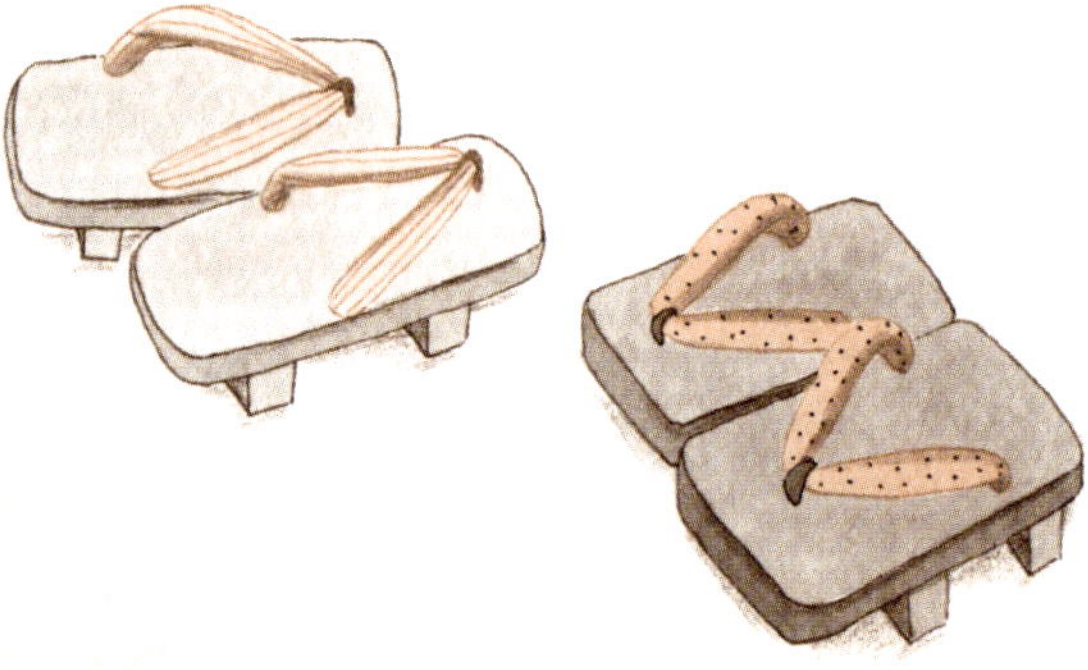

か、芝居や寄席で下足番に下駄を預けたことに関係するなど諸説あります。

ちなみに、同じ下駄を用いた言葉でも、**「下駄を履かせる」**は、実際よりよく見せるという意味になります。下駄を履くと、本来より背丈が高くなるからです。現代でいえば、シークレットブーツを履いて背を高く見せるようなものでしょうか。

はっぱをかける

木の葉ではなくダイナマイト

人を叱咤《しった》激励し、闘争心に火をつけることを「はっぱをかける」と称します。仕事場で上司が「残り一週間、今月の売り上げ目標を達成するために気合を入れて頑張ってください」などと部下にはっぱをかけるわけです。

それにしても、なぜはっぱをかけると叱咤激励になるのでしょう？　はっぱを「木の葉」と勘違いしている人にとっては不思議で仕方ないでしょう。狸《たぬき》ではないのですから、木の葉をかけても化けることはできません。

この「はっぱ」は、工事現場や掘削現場でダイナマイトを仕掛けて爆発させ岩などを破砕することで、「発破」と書きます。はっぱをかけられる部下は、岩盤というわけです。

やぶさかでない

じつは積極的な意志表明をする言葉

後輩が上司から日曜出勤を打診されました。彼は恋人とデートの約束があったようですが断わるわけにもいかず、「(日曜出勤は)やぶさかではありません」と答えました。

あとで彼に聞いたところ、ほんとうは気が進まないけれど頼まれたから出勤します、という意味を暗に込めた返事のつもりだったそうです。

気持ちはわかりますが、彼は「やぶさかではない」という言葉の意味を間違えてしまっています。

そもそも「やぶさか」とは、物を惜しんで人に与えず、その仲が遠ざかるという意味の「やふさし」「やぶりさがる」が語源で、思い切りの悪いことの意味です。「やぶさかでない」は、その「やぶさか」を否定した言葉。

したがって、この返事では、「(日曜出勤でも) 努力を惜しみません」「(日曜出勤を) 快く引き受けます」といった意味になるのです。

政治家も国会答弁などで「やぶさかではない」をよくつかいます。この言葉を聞いて、積極的に取り組む気がなさそうな印象を受けている人が多いでしょうが、じつはその政治家は努力を惜しまずやりますと言っているのです。大いに期待しましょう!

おこがましい

非難の気持ちと謙虚な姿勢を表現できる

「おこがましい」は、相手に対してつかうと非難の気持ちを、自分に対してつかうと、謙虚な姿勢を表せる言葉です。

「あいつは先輩の前で出しゃばる、おこがましい男だ」と言えば、生意気だと非難したことになりますが、「先輩を差し置いて、おこがましいことをして申し訳ありません」と言えば、謙虚な姿勢を表すことができるというわけです。

「おこ」は「痴」とか「烏滸」と書き、古くから「馬鹿げていてみっともない」といった意味で用いられてきました。それが転じて、差し出がましい、身分をわきまえない、生意気、思い上がりが強い、といった意味をもつようになったといわれています。

上司に何か発言する前に、「おこがましいことを言うようですが」と付け加えてみましょう。このひと言だけで、へりくだったニュアンスが生まれ、相手を上手に立てることができるのです。

水を向ける

「水」は会話の呼び水のこと

業績がなかなか上がらない若手社員に対して、上司が、「言葉巧みに水を向けて、お客さんの関心を引き寄せることが重要だよ」と、アドバイスしました。ところが、若手社員はキョトンとしています。どうやら「水を向ける」という言葉の意味がわからなかったようです。

「水を向ける」とは、相手が話しやすいようにうまく仕向けるという意味。巫女《みこ》が霊魂を呼び出す口寄せをする際に、水を差し向けるところから生まれた言葉だといわれています。そこから、相手が関心をもっている方向に誘いをかけること、暗示を与えてようすを探ること、もちかけることの意味で「水を向ける」を用いるようになりました。

「誘いをかける」などよりも、「水を向ける」のほうがずっと上品で含蓄《がんちく》のある言葉といえます。

ゆるがせにしない

おろそかにしない、頼もしい表現

長い間、頭を下げ続けた取引先から、ようやく新規契約を取り付けることができました。契約書にサインをもらい、まさに感慨無量です。感謝の言葉を述べたあと、「しっかりとやらせていただきますので、どうかご安心ください」と先方に告げました。

でも、ちょっと待ってください。こんなときは、せっかくですから、「決してゆるがせにはしませんので、ご安心ください」と言ってみましょう。「ゆるがせ」は、物事をおろそかにするという意味です。これを否定することで、より真剣に取り組む姿勢を相手に伝えることができるのです。

契約を取り交わす際に「ゆるがせにしない」と申し添えれば、先方は決意の固さを汲み取って安心し、頼もしく思うことでしょう。

いささか

少しぼかして言いたいときに最適

「いささか」は、「ほんの少し」という意味をもつ言葉です。この言葉をつかえば、謙遜したり、物事をやんわりとぼかしたりすることができます。

たとえば資料作成に苦戦していて、上司から進捗《しんちょく》具合を聞かれたとき、「いささか時間がかかりそうです」と答えます。すぐ終わるのか、まだしばらくかかるのか、明確には答えていないのですが、「いささか」という言葉によって状況が少しぼかされますが、上司は納得してくれるでしょう。

一方、自分が取引先や上司に仕事を依頼された際、「いささかなりともお役に立てれば幸いです」と答えれば、謙遜した言葉になるうえ、その程度がぼんやりとします。

曖昧な返事でありながら、やる気がありそうで、しかも奥ゆかしい言葉に聞こえるこの「いささか」、上手につかいこなせば、こんな便利な言葉はありません。

有《あ》り体《てい》に申しますと

「正直に……」より畏《かしこ》まる

いまの若者は、包み隠さず話す、ありのまま話すという意味で、「ぶっちゃけ～です」など身も蓋《ふた》もない言葉をつかいますが、これはビジネスの場で通用するはずはありません。

「正直に申しますと」が正しい言い方です。

ただし、これよりも好感をもたれる言い方があります。それが「有り体に申しますと」です。

上司に仕事の遅れを伝えて支援を仰ぐようなときなどに、「有り体に申しますと」をつかうと、「正直に申しますと」よりもずっと畏まった印象を与え、上司の感情を抑えることができます。場合によっては、優しく相談に乗ってくれるかもしれません。

また、「有り体」には「世間並み」「通り一遍」という意味もあります。江戸時代の歌舞伎や戯作《げさく》には、「有り体の礼儀」という言葉が出てきます。ごくありきたりの礼儀、世間体を気にしない礼儀というわけです。

江戸時代の人々は、わざわざ普通の礼儀に対して「有り体」という言葉を用いるほど、世間体を気にしていたのでしょう。

憚《はばか》りながら

目上の人に意見するときの前置き言葉などに

上司の言葉に対して発言する場合、前置きなしに意見だけ述べると、生意気だと思われかねません。そこで「憚りながら」と前置きしてみましょう。「憚りながら、私の意見を述べさせていただきます」といった具合です。

「憚りながら」は、対象との間に隔たりを意識し、遠慮する、敬遠する、畏《おそ》れ慎むという意味をもち、「ぶしつけなことを申しあげるようですが～」「遠慮しながら申しあげるのですが～」などというニュアンスを表します。

かつて武士は目上の者に意見を述べる際、「恐れながら」と前置きしました。それと同義です。

また、この言葉は、自分を誇示する目的でもつかえます。

相手が自分を見下すような態度を示したら、「憚りながら、私はこのプロジェクトチームの責任者をしております」と言いましょう。謙遜しているようでいて、自分の立場を誇示する言い方になります。

言わずもがな

「もがな」は願望を表す

「言わずもがな」は、「言わず」に「もがな」が付いた言葉です。「もがな」とは願望の終助詞「もが」に、感動を表す終助詞が付いて一語となった助詞で、「〜があったらなあ」「〜であってほしいな」という意味をもちます。

ここから「言わずもがな」は、「言わないほうがよい」「わざわざ言う必要はない」という意味になりました。

さらに、言う必要がないことから、「言うまでもなく」という意味にもなりました。

「この商品は大人だけでなく、子どもも使用できます」を、「この商品は大人は言わずもがな、子どもも使用できます」と言い換えることができます。

そのほか、「もがな」を用いた言葉として「あらずもがな」という言葉があります。これは「ないほうがよい」「余計」の意味です。

むべなるかな

納得・感心したときに用いる古風な言葉

「むべなるかな」は、「もっともなことだ」「いかにもそのとおりだ」と、思わず手を打ちたくなるようなときにつかう言葉です。

「むべ」とは「なるほど」「道理で」「もっとも」といった意味。「むべなるかな」で、現代語では「なるほどなあ」「ごもっともです」といったニュアンスになります。

突然、上司から仕事の軌道修正を迫られたりしたとき、理由を聞いて納得したなら、「そういう事情でしたら、むべなるかなです」と答えてみましょう。

現代ではほとんど耳にしない言葉だけに、「わかりました」と単純に応じるより、相手に与えるインパクトは大。古風で奥ゆかしい人物だと思ってもらえるかもしれません。

いたみいる

「恐れ入ります」よりも強い感謝を伝える

相手の親切や厚意に対して恐縮したとき、「恐れ入ります」と言います。「わざわざご足労いただき、恐れ入ります」「ご多忙のおり、ご臨席をたまわり、恐れ入ります」など、日常的につかわれる言葉です。

では、これよりさらに感謝し、恐縮したときに用いる言葉をご存じでしょうか。

「いたみいる」です。

「痛み入る」と書き、心の痛みを感じてしまうほど感謝し、恐縮しているという気持ちを表します。

「たいへん丁寧なご対応、いたみいります」といった具合につかと、「たいへん丁寧なご対応、恐れ入ります」と言うより恐縮の度合が強く感じられるうえ、より畏《かしこ》まったイメージになります。

それだけではありません。この言葉は、相手を茶化すような場合にもつかえます。

「残業を押しつけておいて感謝の言葉もないのだから、あいつの根性にはいたみいったよ」と言えば、相手に厚かましくしてやられた、といった感情を表すことになります。

「きみにはしてやられたよ」と相手に言えば、批判が直接的ですが、「きみにはいたみいりました」と言えば、やんわりと嫌味を加味することができるというわけです。

いみじくも

平安時代の女流文学でつかわれた形容詞が由来

自分が出した企画に、先輩が助言してくれました。最初はその助言がいまひとつピンとこなかったのですが、企画が進むにつれて、先輩の助言どおりにしてよかったと心から実感しました。

そんなとき、先輩に対するお礼の言葉は、「いみじくも、先輩がおっしゃったとおりになりました。ありがとうございました」と言いましょう。

「いみじ」は「悲しい」「恐ろしい」という意味と、「たいそう素晴らしい」「立派」という正反対の意味を合わせもつ言葉で、平安時代の女流文学で最もさかんにつかわれた形容詞です。

その「いみじ」の連用形に助詞の「も」が付いたのが「いみじくも」で、「まことに適切に」「非常に上手に」といった意味になります。

先輩のアドバイスがいかに適当で素晴らしかったかを、「いみじくも」を用いることで端的に表現できるわけです。

たなごころ

「手の心」が変化した優しい雰囲気

「たなごころ」は、手のひらを意味します。もともとは「手の心《な》」で、手の中心、大事なところの意味でしたが、それが変化して「たなごころ」になりました。

「お母さんの手のひらは暖かかった」と表現するより、「お母さんのたなごころは暖かかった」としたほうが、優しさや暖かさがより伝わるように感じます。

ビジネスの場面で活用できるのは、「たなごころ」をつかった慣用句です。

「たなごころにする」は、手中におさめることを意味します。

「たなごころを指す」とは、極めて明確、正確であるさまを意味します。会議などで、「たなごころを指すように明白な事実です」と発言すれば、自信のほどがしっかり伝わることでしょう。

ゆくゆくは

謙虚にやる気をアピールできる便利な言葉

「一年目には同期のなかで最もよい成績をあげ、最終的には全グループ内で一番を目指したいと思います」

自分の目標を述べる際、こういった表現で将来への抱負を語ることがあるでしょう。

いきなり「トップを目指します」とブチ上げると、謙虚さがないように思われかねず、だからといって目標が低いと、やる気がなさそうに感じられるおそれがあります。言葉の選び方には気をつかいます。

そんなときに便利なのが「ゆくゆくは」です。この言葉には「うまくいけば、最終的には」という意味がありますが、そのなかに高い目標に向かって前進しようとする語り手の意志も含まれます。

「ゆくゆくは一番を目指したいと思います」と言うと、謙虚さを保ちながらも、力強く自分の目標を語ることができるのです。

ままならぬ

思いどおりにならないことを表す

「とかくこの世はままならぬ」と、嘆いている人は少なくないでしょう。しかし、この「まま」の意味をどれくらいの人が知っているでしょうか。

「まま」は「儘」と書き、成り行きに従うこと、思いどおりになることを意味する「随に《まにま》」から転じた言葉です。その否定形の「ままならぬ」は「思いどおりにならない」「自由にならない」の意味になります。

「ままならぬ」同様、「儘」をつかった言葉に「ままよ」があります。こちらは、成り行きに任せるほかに手だてがないことを意味する、投げやりな言葉です。

「仕事の具合はどうだ?」「だめだ、どうもままならない」「そうか、手だてはあるのか?」「いや、こうなったらままよでやるしかないな」

——まったく展望のない暗い会話ですが、彼の状況と心境がじつにわかりやすく伝わってきます。

とどのつまり

「うちの母親、最近すごく太って、まるでトドみたいなんだよ」などと、なぜか太った人の代名詞のようにつかわれることが多いトド。なんとも失礼な表現ですが、トドは出世魚の頂点に立つ魚です。

そもそもトドとは、アシカの仲間のトドではなく、魚のボラの別名です。稚魚からハク、オボコ、イナ、ボラと成長するにつれて名前が変わっていき、一番大きくなるとトドになるのです。ここから、「結局」「つまるところ」という意味で「と

アシカの仲間のトドではない！

どのつまり」という言葉が生まれました。
「この製品が売れないのは、とどのつまり、消費者のニーズに合っていなかったから」といった具合につかいます。

骨休め

労働の資本である身体を「骨」で表現する

「今回のプロジェクト、よく頑張ったな。ご苦労さま。少し骨休めをしろよ」――ろくに休暇も取らずに働いていた部下に対して、こんな言葉をかけてあげると、その部下は大いに感激することでしょう。

「骨休め」は「休養」「休暇」と同じ意味ですが、労働の資本である身体を「骨」で表現している点に大きな特徴があります。「休暇を取れ」より、「骨休めしろ」のほうが、それまで骨を折って働いていたことはわかっているよと、相手に伝えることができるのです。

逆に、自分が休暇を取らせてもらったら、上司や同僚に「おかげさまで骨休めができました」と、お礼を言いましょう。

「休暇をいただき、ありがとうございました」では、「休めて羨《うらや》ましい」というた皮肉を言われてしまう可能性もあります。しかし、「骨休め」を用いれば、お互い骨を折って働いている仲間同士だけに、労《ねぎら》いの気持ちを抱いてもらえるでしょう。

はなむけ

旅立つ人に贈る言葉や物

新天地に向かう人のために、送別会を開いたり、贈り物をしたりすることがよくあります。それが「はなむけ」です。

送別会の挨拶《あいさつ》では、「これをはなむけとします」と、締めくくることもあります。

この「はなむけ」という言葉を、なにか花や花束に由来すると誤解している人がいますが、そうではありません。「鼻」のほうです。

「馬の鼻向け」から出た言葉です。古くには、見送る人が旅立つ人の馬の鼻を目的地へ向けて、安全を祈る風習がありました。

交通機関が発達していない昔の旅は、危険がいっぱいでした。任地へ出《しゅっ》立《たつ》するにも、二度と会えないことを想定したのです。そして、こうして無事を祈ったのです。

「はなむけ」は「餞」と書きます。「餞別《せんべつ》」の「餞」です。

イベントであれプレゼントであれスピーチであれ、旅立つ人に贈るものが「餞」で、この一文字で「うまのはなむけ」と読むこともあります。

こらむ
⑤

日本人の季節感～「二十四節気」

日本人は豊かな季節感をもっており、季節にまつわる大和言葉をたくさん生み出してきました。その背景にあったといわれるのが、中国由来の暦《こよみ》上の季節「二十四節気《にじゅうしせっき》」と「七十二候《しちじゅうにこう》」です。

二十四節気は、太陰暦によって生じる季節感のズレを、太陽の動きをもとに修正したもの。

まず、太陽の高さが最も高い夏至《げし》と最も低い冬至《とうじ》の「二至《にし》」、そのあいだの春分と秋分の「二分《にぶん》」に分けます。次に、四季のはじまりを示す立春、立夏《りっか》、立秋、立冬の「四立《しりゅう》」を合わせて「八節」とします。そして、それをさらに3分割すると、24等分されます。

夏至や冬至などの言葉は現在のカレンダーにも記載されているので、ご存じの方も多いでしょう。

また、立春を「春立つ」とした季語のように、大和言葉になっているものもあります。

第六章

スピーチ・手紙に つかえる大和言葉

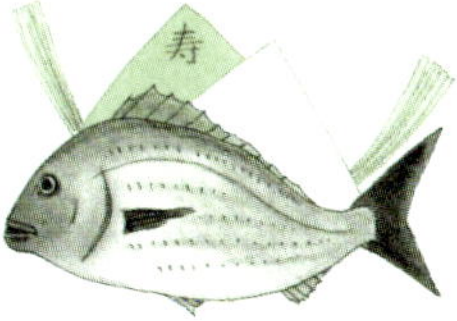

大勢の前でスピーチをしたり、手紙を書くとき、その人の語彙《ごい》力が試されます。
たしかに、お決まりの言葉や定型文をつかえば、大きな間違いをせずにすむでしょう。
しかし、それでは少しもったいない気もします。
大和言葉をひと言でも織り込むと、そのスピーチや手紙はよりいっそう、輝きを増すのですから。

大和言葉	日常言葉	語源・由来・意味など	つかい方
お力添《ちからぞ》え 185ページ	ご協力	他人の仕事を手助けすること。	「ご協力いただけませんでしょうか」⬇「お力添えいただけませんでしょうか」
ご自愛《じあい》ください 186ページ	おからだを大切に	相手に対するいたわりの気持ちを表す言葉。	「おからだを大切にしてください」⬇「ご自愛ください」
身に余る 187ページ	もったいない	自分の立場を超えている、自分のような者には不相応で恐れ多いという意味。	「もったいないお言葉です」⬇「身に余るお言葉です」
ひとしお 188ページ	ひときわ	糸が染料に浸すごとに濃く染まっていくようすに由来。	「寒さがひときわ身にしみる季節になりました」⬇「寒さがひとしおお身にしみる季節になりました」

大和言葉		日常言葉	語源・由来・意味など	つかい方
気の置けない	189ページ	気兼ねする必要のない	気をつかうを意味する「気を置く」の否定形。	「彼は気兼ねする必要のない人です」↓「彼は気の置けない人です」
幾久しく	190ページ	末長く	いつまでも変わらずにの意味。	「末長くお幸せに」↓「幾久しくお幸せに」
あやかる	191ページ	見習う	もともとは変化するの意味だったが、のちによいほうへの変化に限られるようになった。	「兄を見習って勉強する」↓「兄にあやかって勉強する」
ふつつか	192ページ	不格好、未熟で行き届かない	丈夫でしっかりしているという意味の「太束」が変化して「不束」に。	「未熟で行き届かない娘ですがよろしくお願いします」↓「ふつつかな娘ですがよろしくお願いします」

大和言葉		日常言葉	語源・由来・意味など	つかい方
宴《えん》もたけなわ	193ページ	宴のまっさかり	宴が最高潮に達しているときに述べる。	「宴のまっさかりではございますが」⬇「宴もたけなわではございますが」
ひとえに	194ページ	もっぱら	当初は一重に、唯一といった意味だったが、のちに変化した。	「もっぱらあなたのおかげです」⬇「ひとえにあなたのおかげです」
倦《う》まず弛《たゆ》まず	195ページ	気を引き締めて	飽きるの意の「倦む」と、心がだらけるの意の「弛む」の否定形。	「気を引き締めて続けましょう」⬇「倦まず弛まず続けましょう」
心ならずも	196ページ	不本意にも	自分の本心ではないのだが、不本意ながらの意味。	「不本意にも遅くなってしまいました」⬇「心ならずも遅くなってしまいました」

大和言葉	日常言葉	語源・由来・意味など	つかい方
よんどころない 197ページ	どうしようもない	「よりどころがない」が変化した言葉。	「どうしようもない理由があり、参加できません」➡「よんどころない事情があり、参加できません」
尾籠《びろう》な話 198ページ	ばかげた話	おろかなこと、ばかげたことを意味する形容動詞「をこ」が語源。	「ばかげた話だけれど」➡「尾籠な話だけれど」
ことほぐ 199ページ	祝う	「言の葉」の語源である「こと」と、言葉にして唱える意味の「ほく」を合わせた言葉。	「長寿を祝って乾杯しましょう」➡「長寿をことほぎ、乾杯しましょう」
来《こ》し方行く末 200ページ	これまで、これから	過去を表す「来し方」と、未来を表す「行く末」を合わせた言葉。	「これまでとこれからを見据えて頑張ります」➡「来し方行く末を見据えて頑張ります」

大和言葉	日常言葉	語源・由来・意味など	つかい方
なかんずく 201ページ	なかでも とくに	「就中（なかに就く）」から変化した言葉。	「なかでも、この技術は難しい」↓「なかんずく、この技術は難しい」
徒《あだ》や疎《おろそ》かに 202ページ	大事に	空虚で実のない「徒」と、いいかげんな「疎か」を合わせた言葉。	「先生の教えを大事にします」↓「先生の教えを徒や疎かにしません」

お力《ちから》添《ぞ》え

目上の人に助力を願う

目上の人に助力を願うときは、「ご協力をお願いします」「ご支援をお願いします」などの用例が一般的ですが、「お力添え」を用いると、さらに丁寧になります。

「お力添えいただけますか」「どうか、お力添えください」と言えば、響きが柔らかですし、その相手が力量のある人物だと暗に示しているので、それなら手助けしようか、という気持ちを引き出すきっかけにもなります。

また、「お力添えいたします」と、人の手助けをする際に申し出る言葉としてもつかえます。ただし、冒頭のように、助力を願う際によくつかわれる「お力になってください」という言いまわしは、誤用です。

少しややこしく感じるかもしれませんが、慣れると間違えることはありません。

ことにビジネスの場では、ぜひとも覚えておきたい言葉です。

ご自《じ》愛《あい》ください

相手に対するいたわりの気持ちを表す

手紙文の結びとして重宝するのが、「ご自愛ください」という言葉。「おからだを大切にしてください」「おからだをいたわってください」といった意味です。

「おからだを大切に」と書くよりも、「ご自愛ください」と書いたほうが丁寧に感じられます。

「ご自愛ください」は、目上の人への手紙だけでなく、気心の知れた友人への手紙でもつかえるので便利です。

「元気ですか？　この前、○○さんと偶然会い、きみのことが話題にのぼりました。たまには、また一緒に酒でも飲みたいですね。とはいえ、僕たちもそろそろ健康に気をつけなくてはならない年齢になってきたので、くれぐれもご自愛ください」

などと用います。

身に余る

褒《ほ》められたら謙遜する、それが礼儀

「みなさまから身に余るお祝いのお言葉をいただき、心より感謝申しあげます」――結婚披露宴で、新郎がよくつかう用例です。

「身に余る」とは、自分の身分や立場を超えている、自分のような者には不相応で恐れ多いといった意味。

「もったいない」と同じような言葉です。

公の場で他人を紹介するときには少し過剰に褒めることが礼儀で、褒められた側としても、「そんなことはありません」と謙遜するのが古くからの礼儀なのです。

ただし、「身に余る」は、あくまで自分自身が謙遜するときにつかう言葉です。

「あなたの今回の昇進は、身に余るものですね」などと他人につかってしまうと、たいへんな失礼になりますので、気をつけましょう。

ひとしお

染料に染まる糸のように風情が伝わる

手紙の冒頭に「ひとしお」という言葉をつかうことがあります。「寒さがひとしお身にしみるようになりました」「この春より娘が独立し、寂しさがひとしお身にしみます」といった具合です。

「ひとしお」を漢字で書くと「一入」。一入の「一」は回数のこと、「入」は染料に浸す回数の単位のことで、もともとは染料に糸を浸すと、色がいっそう

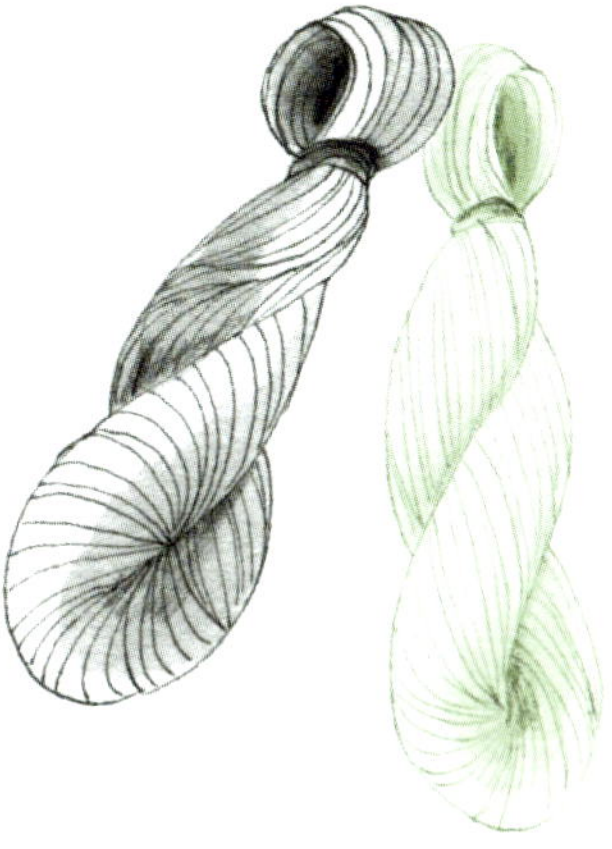

深くなることを意味したようです。

一回、また一回と、染料に浸すごとに濃く染まっていく糸。そのさまから、「いっそう」「ひときわ」といった意味に用いられるようになりました。

最近ではあまりつかわれなくなっているようですが、風情が感じられる言葉です。

気の置けない

ほんとうに仲のよい間柄であることを示す

結婚式のスピーチで、新郎の友人が「○○くんとは、幼い頃から気の置けない仲でして……」と述べました。

この言葉を聞いて、「気の置けない」→「気持ちが落ち着かない」と理解し、「気の置けない仲」は気をつかう間柄、というマイナスのイメージをもつ方がいるかもしれませんが、それは間違いです。

「気の置けない」は、気をつかうを意味する「気を置く」の否定形。したがって「気の置けない仲」は、まったく逆の、気をつかう必要のない仲、気楽に付き合える仲ということになります。

だから、友人を紹介する際に「彼は気の置けない人だ」などと用いれば、二人の関係の親密さをアピールすることができるのです。

幾久しく

「末長く」よりも新味のある言葉

結婚を祝福する際につかう言葉には、定番のものがあります。たとえば、「おふたりが末長くお幸せでありますように」というのもそのひとつです。ただし、「末長く」を「幾久しく」とすると新鮮味が出ます。

「幾久しく」とは、「いつまでも変わらずに」という意味です。

結婚式のスピーチだけでなく、手紙でもつかうことができます。「幾久しく幸多かれとお祈りしております」などとさりげなく添えると、手紙の印象が大きく変わってくるでしょう。

あやかる

よい影響を受けて、よいほうに変化すること

結婚式の友人スピーチでは、「幸せいっぱいのおふたりを拝見し、私もおふたりにあやかって素敵な人と巡り合いたいと思いました」などと話す人が多いものです。

たしかに、幸せそうなご両人を目の当《ま》たりにすると、結婚への憧れが強くなりますよね。

「あやかる」とは、相手からよい影響を受けたことで自分が変わるという意味です。

幸せそうな人を見て、自分もその人のように幸せになりたいと思ったり、才能豊かな人と接し、自分もその人のようになりたいと思う。そんな気持ちを表します。「見習う」によく似た言葉です。

元来「変化する」を意味する言葉でしたが、しだいに、よいほうに変化することを意味し、悪いほうへ変化することには使用されなくなりました。

ふつつか

本心でそう思っているわけではない

結婚の許しを得るために恋人のご両親に挨拶《あいさつ》に行くと、「ふつつかな娘ですが、どうぞよろしくお願いします」と言われました。「ふつつか」とは外見がよくない、未熟で行き届かない、繊細な配慮が足りない、不調法《ぶちょうほう》、といった意味です。空気が読めないという意味にもとれるでしょうか。

「ふつつか」を漢字にすると「不束」となりますが、これは当て字で、もともとは「太束」と書いていました。太く束ねられた稲は、丈夫でしっかりしているという意味です。

しかし、平安時代になると、しっかりしていることよりも繊細であることのほうが好まれ、丈夫でしっかりしていることは無骨とされるようになります。そしていつしか、外見がよくない、未熟で行き届かないという現在のような意味に変わったのです。

もちろん、恋人のご両親がこの言葉を用いたからといって、ほんとうにそう思っているわけではありません。あくまで謙遜しているだけです。くれぐれも真意を見逃さないようにご注意を。

宴《えん》もたけなわ

なぜ宴会のピークで、あえて述べる？

結婚式の披露宴や忘年会、卒業謝恩会などの閉会の挨拶《あいさつ》には、「宴もたけなわではございますが」というひと言が欠かせません。このあとに「中締めとさせていただきます」と続きます。

「たけなわ」とは、行事が最高潮に達していることを表す言葉で、「宴もたけなわ」だと、宴会やパーティが盛り上がっているという意味になります。

この言葉は使用するタイミングが重要です。文字どおり、宴が最高潮に達しているとき、あるいはそのすぐあとに発しなければならないのです。

何事につけても、ちょっと物足りない、もう少し続けてほしいと思われるくらいで終わりにするほうがちょうどよいとされます。そこでピーク時にあえて、こんなに盛り上がっているときに名残惜《なごりお》しいのですが……という気持ちを込めて述べるのです。

あの宴会は楽しかったと、参加者に思い返してもらえることでしょう。

ひとえに

感謝の意を心から表現するひと言

祝勝会や祝賀会では、「これもひとえに、みなさまのご支援のおかげです」というスピーチが定番です。また、「よいご返事がいただけることをひとえにお待ちしています」といったつかい方もします。

「ひとえに」は本来、一重《ひとえ》に、唯一などという意味です。それがいつしか、もっぱら、あることに専念する、ひたすら行なうという意味でつかわれるようになったのです。

倦《う》まず弛《たゆ》まず

中弛みを防ぐのに効果的

大きなプロジェクトのリーダーをつとめることになりました。誰しもはじめのうちは一所懸命努力しますが、どうしても中弛《なかだる》みしてしまうもの。そうした心の隙をつくらないよう戒《いまし》めるには、「倦まず弛まず」という言葉をつかうのが効果的です。

「ここが正念場《しょうねんば》です。心をひとつにして、倦まず弛まず頑張りましょう」などと声をかけてみましょう。その場がキリッと引き締まり、中弛みを防げるのではないでしょうか。

「倦まず弛まず」の「倦む」は飽きること、退屈すること。「弛む」は心がゆるむ、心がだらけること。その否定形である「倦まず弛まず」は、いつも気を引き締め、こつこつ努力することとなります。

関係者全員の前で「倦まず弛まず」と口にすれば、自分自身の気持ちも不思議と引き締まります。ここぞという場面でつかってみてください。

心ならずも

不本意にそうなってしまったことを暗に伝える

ビジネスの世界では常に迅速な対応が求められますが、ほかの仕事に追われて、どうしても連絡が遅れてしまったということもあります。

それが取引先からの催促であったり、クレームだったりすると一大事です。かといって、遅れた理由をダラダラと述べたのでは、言い訳のように思われ、ますます印象を悪くするかもしれません。

そこでつかってみてほしいのが、「心ならずも」という言葉です。「心ならずも連絡が遅れてしまい、誠に申し訳ありませんでした」と謝れば、不本意に、やむをえずそうなってしまったということが相手に伝わり、怒りを抑えることができるでしょう。

また、個人的に頼み事をされた際の返事としてもつかえます。その頼み事をきいてあげたいけれど、実際には難しい。そんなときには、「心ならずもできかねます」と断ります。

よんどころない

やむにやまれぬ事情を暗に示す

仕事で大事な会合への出席を促されたのですが、どうしても参加できない。しかし、むげに欠席といっては印象が悪くなる——そんなときに重宝するのが、「よんどころない」という言葉です。

「たいへん申し訳ないのですが、よんどころない事情があり、出席できかねます」とつかいます。これにより、相手もやむにやまれぬ理由があるのだろうとか、どうやりくりしてもスケジュールが合わずに仕方がなかったのだろうと理解してくれるはずです。

そもそも「よんどころない」とは、「よりどころない」が変化したものです。「よりどころ」とは拠《よ》り所のことで、頼りにするところ、すがれるところの意味。頼りにするところがない→何もできない、仕方がない、やむをえない、そうするよりほかにない、となりました。

尾《び》籠《ろう》な話

ばかげた話をする前には断わりのひと言を

汚い話や下《しも》の話をするのは気がひけるもの。どうしてもしなければならないときには、「尾籠な話で恐縮ですが……」と事前に断わりを入れてから話しはじめましょう。相手が不快になるのを防ぐことができます。

「尾籠」は、おろかなこと、ばかげたことを意味する形容動詞「をこ」に漢字を当てたものです。それがいつしか「をこ」と読まずに、音読みで「びろう」となり、意味も「汚いこと」「けがらわしいこと」を表すようになりました。

「尾籠」には「無礼」「不作法」という意味もあります。いまではあまり用いませんが、『平家物語』に、「乗り物より降り候《そうら》はぬこそびろうに候へ（乗り物から降りないのは不作法です）」とあります。

ことほぐ

その場に幸福を招く言葉

昔の日本人は、言葉そのものに不思議な力が宿っていると考えていました。いわゆる言霊《ことだま》信仰です。

「ことほぐ」は縁起がよく、祝いの席に用いれば幸福が訪れると信じられていた言葉。漢字では「言祝ぐ」と書きます。

たとえば学生時代の恩師を祝う会などで、「○○先生の長寿をことほぎ、みなで乾杯しましょう」といった具合につかってみてください。先生にもその場にいる人たちにも、幸福が舞い込んでくることでしょう。

来《こ》し方行く末

人生が進んでいくイメージを示す言葉

定年を迎え退社することになった支店長から挨拶《あいさつ》状が届きました。その文章は「来し方行く末を見据え、第二の人生を歩んでいきたいと思います」という言葉で締めくくられており、強い決意が感じられました。

「来し方」は来た方向、すなわち過去を指し、「行く末」はこれから行く方向、すなわち未来を指します。合わせると過去と未来となりますが、たんなる過去と未来ではなく、過去から未来までといった継続した時間の流れを意味するようになります。

「来し方」「行く末」、どちらも人生は進んでいくということを感じさせる言葉です。

支店長の挨拶状は、これまで会社で頑張ってきた自分を振り返りつつ、今後の人生に希望を抱いているという力強さがうかがい知れる、とても引き締まった文章です。

なかんずく

なかでもとくに、と強調する効果がある

どんなに性能のよい新商品であっても、そのよさをお客さまに伝えることができなくては元も子もありません。効果的にアピールするには、言葉の選択が大切になりますが、ぜひつかってみてほしいのが「なかんずく」という言葉です。

「なかんずく」は、なかでもとりわけという意味。類似のものを引き合いに出して、そのなかでもとくに、と強調したいときにつかいます。

漢字で書くと「就中」。これは「中に就《つ》く」から変化したことにちなんでいます。

「当社はこれまでにも数々のヒットを生み出しましたが、なかんずく、今回のこの商品は高性能で……」といったかたちで用います。

力強く自信に溢れた物言いに、多くのお客さまが心惹《ひ》かれることでしょう。

徒《あだ》や疎《おろそ》かに

大事にします、という決意表明

かなり古風な言いまわしですが、「徒や疎かに」という言葉をご存じでしょうか？　よく上司や恩師に感謝するときにつかう言葉で、「先生の教えを徒や疎かにはいたしません」などと用います。とくに年配の方に向けてつかいたい言葉です。

「徒や疎かに」の徒は、あだ花の「あだ」と同じで、無駄という意味。「疎かに」の疎かは物事をいい加減にすること、おざなりにすることです。この「徒」と「疎か」が「〜しない」と否定形に続くことにより、大事にするという意味になります。

「譲っていただいた貴重な文献は、徒や疎かにしません」というふうに、物などに対してもつかえるので、意外と便利な言葉です。

こらむ
⑥

日本人の季節感～「七十二候」

暦《こよみ》を農事の目安として役立てようとする人々は、「二十四節気《にじゅうしせっき》」だけでなく、「七十二候《しちじゅうにこう》」という季節の区分方も編み出しました。

これは二十四節気をさらに細分化したもので、6世紀頃に中国から日本へ伝わりました。

七十二候は、そのままのかたちで江戸時代前までつかわれ続けていましたが、17世紀になると日本の気候や風土に合わせた改訂版が誕生します。これを「本朝七十二候」と言います。

改訂作業はその後も続き、現在は明治時代の「略本七十二候」が一般的につかわれています。

七十二候では、黄鶯睍睆《うぐいすなく》、桜始開《さくらはじめてひらく》、菖蒲華《あやめはなさし》など、その時どきの動植物の生態を含むものが多いのが特徴です。現代においても、これらが季節を感じる目安になっています。このほか、日本では土用《どよう》、節分《せつぶん》、彼岸《ひがん》、入梅《にゅうばい》などの「雑節《ざっせつ》」もつくられました。

第七章

人柄を表す大和言葉

人の個性・品性は十人十色。それだけに、人柄を表現するのは容易ではありません。とくに他人について言及する場合、言葉を間違えるとその人の気分を害してしまうこともあるでしょう。
この章では、大和言葉ならではの人柄の表現方法を見ていきましょう。

大和言葉		日常言葉	語源・由来・意味など	つかい方
竹を割ったような	210ページ	正直で率直な	スパッと縦に割れる竹の性質に由来する。	「正直で率直な性格の持ち主」⬇「竹を割ったような性格の持ち主」
まめまめしい	211ページ	たいへん忠実である	「まめ」は忠実を意味し、繰り返すことで非常に忠実なことを表す。	「仕事への取り組みがたいへん忠実である」⬇「仕事ぶりがまめまめしい」
奥ゆかしい	212ページ	控えめな態度のことではない	深い心づかいになんとなく心惹かれること。	「彼女は奥ゆかしい女性です」
心ばえがよい	213ページ	思いやりがある	相手を気づかう思いやりや気立てがあること。	「彼女は思いやりのある女性だ」⬇「彼女は心ばえがよい女性だ」

大和言葉		日常言葉	語源・由来・意味など	つかい方
甲斐《かい》甲斐《がい》しい	214ページ	てきぱき働く	やりがいがあるといった意味の「甲斐がある」に由来。	「母はてきぱきと幼子を世話している」⬇「母は甲斐甲斐しく幼子を世話している」
ひたむき	215ページ	一所懸命	あることに熱中するさまを表す「ひた」に「向き」が付いた言葉。	「一所懸命に野球の練習に取り組む」⬇「ひたむきに野球の練習に取り組む」
物堅《ものがた》い	216ページ	きっちり	しっかりした人、まじめな人、律儀な人のこと。	「彼はきっちりした性格です」⬇「彼は物堅い性格です」
やんごとない	217ページ	たいへん高貴な	とどまることがないの意の「止む事なし」から派生した言葉。	「たいへん高貴なお生まれの方」⬇「やんごとなきお生まれの方」

大和言葉	日常言葉	語源・由来・意味など	つかい方
いなせ 218ページ	威勢がよく、男らしい	江戸・日本橋の魚河岸《うおがし》の若者が結っていた髷《まげ》のかたちに由来する。	「彼は威勢がよくて男らしい」➡「彼はいなせだ」
したたか 219ページ	一筋縄ではいかない	思った以上の能力をもっていて、手に負えないこと。	「一筋縄ではいかない男が犯罪を犯した」➡「したたかな男が犯罪を犯した」
けなげ 220ページ	殊勝《しゅしょう》な	特別なことを意味する「異《け》なりげ」が語源。	「あの子は殊勝に頑張っている」➡「あの子は健気に頑張っている」
生一本《きいっぽん》 221ページ	ひたむき	まっすぐな気持ちを強調した「一本」に、接頭語の「生」を付けた言葉。	「彼はひたむきな性格の人間です」➡「彼は生一本な人間です」

大和言葉		日常言葉	語源・由来・意味など	つかい方
極楽とんぼ	222ページ	お気楽者	昆虫のトンボ、あるいは鈍い人を指す「鈍坊《どんぼう》」に由来する。	「いつまでもお気楽者ではいけないよ」→「いつまでも極楽とんぼではいけないよ」
かまとと	223ページ	ぶりっこ	蒲鉾《かまぼこ》の「かま」と、幼児言葉の魚の呼び方「とと」を合わせた言葉。	「なによあの子、ぶりっこして」→「なによあの子、かまととぶって」
あこぎ	224ページ	無慈悲な	阿漕《あこぎ》が浦での禁漁の逸話に由来する。	「無慈悲な取り立てに苦しんでいる」→「あこぎな取り立てに苦しんでいる」
猪口才《ちょこざい》	226ページ	生意気	日本酒のちいさなお猪口に由来する。	「あの新人、生意気だ」→「あの新人、猪口才な奴だ」

竹を割ったような

竹の割れ方、伸び方にたとえる

裏表がなく正直で、曲がったことが大嫌い。イヤなことがあったり、イヤな思いをさせられても、いつまでもくよくよせずにさっぱりとしている。そんな性格を評して、「竹を割ったような」と表現します。

「彼は竹を割ったような性格だから、誰からも好感をもたれている」「あなたの竹を割ったような性格が大好きです」というようにつかいます。

この言葉の語源は、実際の竹の割れ方にあります。竹を割ると、気持ちがよいほどスパッと縦に割れます。途中で折れ曲がったりすることはありません。

そこから、正直、実直、気持ちがよいほどさっぱりしている、といった意味になりました。

竹はまっすぐ上へと成長していくことも、そうした意味合いを強調することになったのでしょう。

まめまめしい

「忠実忠実しい」と書いて「まめまめしい」

「まめまめしい」という言葉は、ちょこちょことせわしなく働いているとか、きっちり細かく対応する、といったイメージを抱かせます。それは漢字表記からもうかがえます。

じつは「まめまめしい」は、「忠実忠実しい」と書きます。字義どおり、誠実に取り組むこと、まじめな働きをすることを表し、「まめまめしい人」といえば、その人の誠実な働きぶりを褒《ほ》めることになります。

さらに、身軽なさまで働く、といった意味もあります。

また、**「まめで暮らす」「まめに日記をつける」**といった表現もよく聞きます。

「まめで暮らす」の「まめ」は、病気をしないことやからだが丈夫なこと、「まめに日記をつける」の「まめ」は、几帳面なことを意味します。

奥ゆかしい

控えめな態度で従順なこと、ではない

「最近は奥ゆかしい女性にお目にかかる機会がなくなった」と、愚痴をこぼす男性が増えているそうです。しかし、そうした男性にとっての「奥ゆかしい女性」とは、どのような女性でしょうか？

控えめな態度をとり、従順な女性でしょうか？

もしそうだとしたら、「奥ゆかしい」の意味を間違えています。

「奥ゆかしい」は「奥行くし」と書き、「行くし」は知りたいという意味です。つまり、「奥ゆかしい」とは奥にあるものを知りたい、その先を知りたい、さらに深い心づかいになんとなく心惹《ひ》かれることを意味するのです。

したがって、「奥ゆかしい女性」は控えめで、男性に黙って従う女性のことではありません。

誤用しないように気をつけましょう。

心ばえがよい

相手を気づかえる人のこと

「あの人の魅力は外見もさることながら、心ばえのよさにある」

「心ばえ」は思いやりや気立てのことで、「心ばえがよい人」といえば相手を気づかう心配りができる人、気立てがよい人という意味になります。相手のためによく尽くす人という意味もあります。

漢字で書くと「心延《ば》え」。心を外に広げる、外に延ばすといった意味です。

心を外へ向けた状態とは、自分のことばかりでなく、相手のことにも心（気持ち）を傾けるということ。そうした心のもち方がよいことが、「心ばえがよい」ということです。

甲斐甲斐《かいがい》しい

他人のためにひたむきに努力しているさま

「甲斐甲斐しい」は、「彼女は寝たきりの母の面倒を甲斐甲斐しくみている」「シングルファーザーの彼は毎朝、子どものために甲斐甲斐しくお弁当をつくっている」といったつかい方をします。最近はあまり聞かなくなりましたが、「甲斐甲斐しい」は健気《けなげ》に取り組んでいるという意味です。

頑張ったかいがある、やりがいがあるといった意味の「甲斐がある」に由来し、「甲斐」はその努力の成果を意味します。

ただし、「甲斐甲斐しい」は、自分のためでなく他人のために努力するようすを表す際につかいます。たとえば、やり手の営業マンがどれだけ頑張っていたとしても、「甲斐甲斐しい」といった表現はつかいません。

ひたむき

全神経を集中して何かに取り組むようす

長年、人気を維持し続けている高校野球。人気の理由は、「高校球児たちのひたむきなプレー」に感動するからだといいます。まだまだ未熟な高校生ですから、技術面ではとてもプロ選手などにはかないません。しかし、何があっても全力でプレーする姿に、見ている人は感動するのです。

このように、わき目もふらずに一心不乱にひとつのことに熱中するさま、一所懸命なようすを「ひたむき」と称します。

「ひたむき」の「ひた」は、ひた走るのひたと同じで、あることに熱中するさまを表します。「むき」は、方向を表す「向き」のことで、まっすぐにその方向に向かっていくことを、「ひたむき」というようになりました。

「ひたむき」という言葉は、誠実に物事に向かい合っている人を表します。

たとえば、「彼のひたむきな態度が周囲の人々の心を動かし、みなが一丸となって仕事に取り組むようになった」などとつかいます。

物《もの》堅《がた》い

しっかりして律儀な性格を表す

「物堅い人」と聞いて、どのような印象を受けるでしょうか？

「堅い」という言葉からして、融通《ゆうずう》がきかないとか、相手に対して頑《かたく》なな態度をとる人といったイメージをもつ人が多いように思いますが、少し違います。「物堅い」はしっかりした人、まじめな人、律儀な人、礼儀を重んじる人を指す言葉なのです。

「彼は、中学校時代にお世話になった先生への年始の挨拶《あいさつ》をいまも欠かさないそうだ。物堅い人だね」とか、「彼は物堅い人なので、安心して付き合える」などとつかいます。

「きっちり」という言葉とニュアンスが似ていますが、「きっちり」からは杓子定規《しゃくしじょうぎ》で窮屈な印象を受けるのに対して、「物堅い」は相手を尊重している姿勢が感じられます。

やんごとない

ただの貴いよりもはるかに高い尊敬を表す

「やんごとなきお生まれの方」といえば、現在は日本の皇族や、外国の王族を指します。「やんごとない」は「たいへん高貴な方」の意味です。

「やんごとない」の語源は「止《や》む事《こと》なし」。止む事、つまり、とどまることがないという意味で、そこから、ないがしろにしてはいけない、特別な、といった意味になりました。

たんなる貴いよりも、ずっと深い敬意を表す言葉なのです。

その一方で、やむをえないという意味もあります。こちらも、ないがしろにしてはいけないほど特別な、といった意味合いから派生したものです。

結婚式の招待を受けたものの欠席せざるをえない場合などに、「たいへん申し訳ないのですが、やんごとなき事情で欠席させていただきます」といったつかい方をします。

いなせ

日本橋の魚河岸《うおがし》の男の髷《まげ》に由来する

お祭りで神輿《みこし》を担ぐ若者に、「いなせだね！」と声がかかりました。「いなせ」とは、粋《いき》で威勢がよく男らしいさまを表す言葉。若者にとっては最高の褒《ほ》め言葉のひとつではないでしょうか。

「いなせ」は、江戸・日本橋の魚河岸の若者を指す言葉だったとされます。彼らは気風《きっぷ》がよく、ちゃきちゃきした気性《きしょう》の持ち主でした。

また、髷にもこだわりがあり、「鯔背銀杏《いなせいちょう》」と呼ばれるかたちに結っていました。鯔背銀杏とは、鯔という魚の背のように結んだ髷のことです。

つまり、威勢のよい魚河岸の若者たちが髷を鯔背銀杏に結っていたことから、彼らの気質を「いなせ」と呼ぶようになったというわけです。

一九八〇年代にヒットした『め組のひと』という曲の歌詞に「いなせ」が登場したこともあり、現在でもよくつかわれています。

したたか

本来はプラスの意味だが、いまは負のイメージも

一見、素直で裏表がなさそうなのに、実際は何を考えているかわからない人などを「一筋縄《ひとすじなわ》ではいかない人」と称します。それとほとんど同じ意味で用いるのが「したたか」という言葉です。

「したたかな人」といえば、頭が切れて言動にもそつがないものの、何かしでかすのではないかと不安を感じさせる人という印象です。つまり、「したたかな人」という言葉は、あまりよい意味ではつかわれません。

「したたか」とは、もともとは整っている、しっかりしている、力の強い者などという意味で、よい意味でつかわれていました。

しかし逆に、力が強い者、気力も充実していてしっかりしている者は頼りになりすぎ、その能力を抑えつけることができない、といったイメージもあり、そこから「手に余る人」といった意味に転じたようです。

けなげ

一途《いちず》な気持ちが根底にあることが条件

「けなげ」とは、年長者が年下、とくに幼い子どもなどに対してつかう言葉です。彼らの心がけがしっかりしているようす、困難な状況に立ち向かって立派にふるまうようすなどを表します。

漢字では「健気」と書き、健康なことや武勇に優れていることを意味しましたが、いつしか、心がけがしっかりしているさまや、殊勝《しゅしょう》なことを意味するようになりました。

たとえば、病気の母親のために遊びにも行かずに手伝いをしている子どもに対して、「あの子はけなげだね」などとつかいます。また夫に献身的に支える妻や、動物にもつかうことがあるようです。主人の帰りをずっと待ち続けた忠犬ハチ公は、まさに「けなげ」な犬といえるでしょう。

誰かに指示されたわけでもなく、自分の利益のためでもなく、一途な気持ちが根底にあることがポイントです。

生《き》一《いっ》本《ぽん》

「き」と「なま」、読み方ひとつで意味が変わる

心がまっすぐなこと、何かに対してひたむきなこと、一所懸命に打ち込んでいく性格のことを「生一本」と称します。「生一本な性格」といえば、「と

ても純粋な人」「努力家」といった印象を伝えることができるでしょう。「生一本」の「生」とは接頭語です。ただし、どのように発音するかで意味が違ってきます。「生一本」のように「き」と読むと、混ざり気がないという意味になります。たとえば、「生糸」「生地」はこの意味です。

一方、「なま」と読むと、未熟なといった意味になります。たとえば「生兵法《びょうほう》」「生返事」などです。

「一本」は文字どおり、まっすぐを意味します。純粋という意味の「生」と、まっすぐという意味の「一本」を組み合わせた「生一本」は、まさに疑いようのないほどまっすぐであることを強調した表現なのです。

極楽とんぼ

芸人コンビの名前ではなく……

いつの時代にも、仕事もせず遊び暮らしている、のんきな人はいるものです。そんな人のことを「極楽とんぼ」と称します。

「極楽」は仏教の言葉で、どんな苦しみもない幸せに満ちた世界のことです。とんぼは昆虫のトンボの説と、鈍い人を指す「鈍坊《どんぼう》」に由来するとの説がありますが、「極楽とんび」という言葉もあることから、やはりトンボがすいすいと空を飛ぶさまから生まれた言葉なのかもしれません。

また、「極楽とんぼ」は、親から援助を受けている、というニュアンスを含む言葉でもあります。

もしあなたが、冗談交じりにでも「極楽とんぼ」と称されたら、「ちゃんと働くべき」「甘えている」と思われている可能性があります。これは、一度自分を振り返ってみたほうがよいでしょう。

かまとと

「ぶりっこ」をさらに古風に表現すると……

「なによ、かまととぶって!」「あの人は、かまととね」――「かまとと」と称されるのは、女性が多いようです。ほんとうは知っているのに、知らないふりをして上品そうに見せかけたり、うぶを装ったりすることが「かまとと」。少し古いですが、「ぶりっこ」とよく似た性格を表す言葉です。

この語源は、蒲鉾《かまぼこ》にあります。「かまとと」の「かま」がかまぼこのことで、「とと」は幼児言葉の魚の呼び方。

「え、かまぼこってととからできているの？ 知らなかったぁ」などと、知っているのに知らないふりを装う人を「かまとと」と称します。江戸時代に流行り、初《うぶ》を装う遊女に対して用いられたといわれています。

少し幼く頼りない女性をかわいらしいと感じる男性と、それをしたたかに装い男心をくすぐる女性、さらに冷静に女性の本性を見破る第三者……。この構図は、いつの時代も変わらないのかもしれません。

あこぎ

三重県にある実際の海岸での故事による

「おぬしもあこぎな奴よのう」

こんな時代劇の台詞《せりふ》を聞いたことがありませんか？

「あこぎ」は貪欲なことや、やり方が強引で無慈悲なことを表す言葉。たとえば、取り立ての厳しい高利貸しを「あこぎな商売」、そんな商売をしている人を「あこぎな人」などと称します。

この言葉は、三重県の「阿漕《あこぎ》が浦」という海岸に由来します。その昔、阿漕が浦の浜は、伊勢神宮にお供えする魚しか獲ってはいけない場所でした。

しかし心優しい漁夫の平次は、病の母のからだによいとされる魚を阿漕が浦で獲ってしまいます。人目をしのびながら漁を何回も重ねるうちに、ついに密漁の事実が露見、平次は海に沈められることになったのでした。

この話は、平安時代に編纂《へんさん》された『古今《こきん》和歌六帖《ろくじょう》』に収録される歌に引用されていることから、かなり古くから知られていたと考えられます。

古い言いまわしですが、蛮行を直接注意するのが難しい相手には効果的です。ちょっと冗談っぽく、「あこぎなまねはやめましょうよ」などとつかってみてはいかがでしょうか。

猪口才《ちょこざい》

日本酒を飲む小さなお猪口に由来する言葉

「猪口才」は、とるに足らないほどの小さな才能しかない、生意気な人を表す言葉です。

日本酒を飲むお猪口は小さい。そこから、お猪口ほどの小さい才能を意味するようになったといわれています。

また、「ちょっとした才気」を略した言葉に字を当てた言葉との説もありますが、詳細はわかりません。

通常は年配の人やスキルの高い人が若輩者に対してつかいます。また、友人同士でゲームをしていて、自分がリードしていたのに追いつかれそうになったときなどには、「生意気な！」よりも「猪口才な！」と発するほうが、冗談めかした感じもして角《かど》が立ちにくいでしょう。

ネガティブな言葉だからこそ、その言葉の真意を理解して、人間関係の構築に役立てたいものです。

こらむ
⑦

新しい大和言葉

大和言葉は、基本的には古代の日本人が生み出したものですが、明治時代以降に新たに誕生したものもあります。

たとえば、「もしもし」。これは「申し」を連ねて短縮した言葉で、もともとは人に呼びかける際に、「申します、申します」、あるいは「申す、申す」というかたちでつかわれていました。それがのちに「もしもし」に変わります。

そして明治時代、日本に電話が普及すると、「もしもし」が電話の呼びかけとしてつかわれるようになったのです。

ほかに、「駄弁《だべ》る」「がめつい」「勿忘草《わすれなぐさ》」「大和煮《やまとに》」なども新しい大和言葉とされています。

このように、大和言葉は必ずしも古代の言葉だけとは限りません。意外と最近生まれた言葉のなかにも、大和言葉は存在していたのです。

第八章

季節・時間を表す大和言葉

大和言葉には、季節や時間にまつわる言葉がたくさんあります。
日本は四季が際立っている国であり、日本人は季節や時間の移り変わりを大切にしてきました。
それが大和言葉にも表れているのです。
この章では、日本人の感性の豊かさを感じさせる大和言葉を紹介します。

大和言葉		日常言葉	語源・由来・意味など	つかい方
日和《ひより》	234ページ	天気	海上の意味の「庭」を万葉仮名で「日和《にわ》」と書き、それが後世に日が穏やかと解された。	「よい天気ですね」⬇「よい日和ですね」
うららか	235ページ	晴れている	すっきりと晴れて澄み切ったようすを意味する。	「今日はよいお天気ですね」⬇「今日はうららかな日ですね」
花冷え	236ページ	寒い	桜の時期に急に冷え込むこと。	「今日は寒いですね」⬇「今日は花冷えしますね」
東風《こち》	238ページ	春を告げる風	春の訪れを感じさせる頃に吹く東からの風のこと。	「今日は春を告げる風が吹きましたね」⬇「今日は東風が吹きましたね」

大和言葉	日常言葉	語源・由来・意味など	つかい方
陽炎《かげろう》 239ページ	―	「かぎろひ」という古語が変化した言葉。	「陽炎がゆらゆらと立ち上る」
草いきれ 240ページ	―	「草」と、熱くなる、蒸れるを意味する「熱《いき》れる」が合わさった言葉。	「草いきれがすごい」
しののめ 241ページ	夜明け頃	古代の住居に射し込む明かりを「篠の目」と呼んだことから。	「夜明け頃、現地に着きました」↓「しののめどきに現地に着きました」
暮れなずむ 242ページ	暮れそうで暮れない	物事がスムーズに進まないさまを表す「なずむ」が暮れるについた言葉。	「暮れそうで暮れない夕日を見て涙を流す」↓「暮れなずむ夕日を見て涙を流す」

大和言葉	日常言葉	語源・由来・意味など	つかい方
たそがれ 243ページ	夕方	人の姿は見えるが、誰かわからないという意の「誰《た》そ彼」から。	「いつのまにか、夕方になっていた」→「いつのまにか、たそがれどきになっていた」
逢魔《おうま》がとき 244ページ	夕暮れどき	大きな禍《わざわい》にあいがちな「大禍時《おおまがとき》」が由来。	「夕暮れどきだから早く帰りなさい」→「逢魔がときだから早く帰りなさい」
夕映《ゆうば》え 245ページ	夕日に照らされた景色	夕日を受けて周囲が照り輝くことを意味する。	「夕日に照らされた景色がきれいです」→「夕映えがとてもきれいです」
夜の帷《とばり》 246ページ	夜の闇	部屋や寝室に戸の代わりに張る「戸張り」が由来。	「夜の闇のなか、川の音が聞こえてくる」→「夜の帷のなか、川の音が聞こえてくる」

大和言葉	日常言葉	語源・由来・意味など	つかい方
朝な夕な 247ページ	一日中	「な」は語調を整えるだけの接尾語。朝夕いつもの意味。	「あなたのことを一日中考えています」↓「あなたのことを朝な夕な考えています」
ひねもす 248ページ	一日中	「日」に接尾語や助詞が付いた「ひねもすがら」が変化した言葉。	「昨日は一日中、家にいた」↓「昨日はひねもす家にいた」
とこしえ 249ページ	永遠	岩の上にあって不変の意味の「床石上《とこしへ》」が語源。	「永遠の幸せをお祈りします」↓「とこしえの幸せをお祈りします」
たまゆら 250ページ	一瞬	『万葉集』に登場する「玉響」という言葉を「たまゆらに」と詠《よ》んだことに由来する。	忙しくて、一瞬も休んでいられません」↓「忙しくて、たまゆらも休んでいられません」

日和《ひより》

とんだ勘違いから生まれた優しい言葉

「よいお日和ですね」

こんなふうに声をかけられると、なんだか心がほんわりします。「日和」は「天気」と同じ意味ですので、「よいお天気ですね」という挨拶《あいさつ》です。しかし、天気という言葉がやや硬い響きをもつのに対し、日和という言葉からは柔らかい日差しと、ちょうどよい気温が感じられます。

語源は「日寄り」ですが、ここから現在の意味合いになるまでに、面白い経緯があったようです。

万葉の時代に「飼飯《けひ》の海の　庭好くあらし刈薦《かりこも》の　乱れ出づ見ゆ　海人《あま》の釣船」（柿本人麻呂《かきのもとのひとまろ》）という歌が詠《よ》まれました。当時は「庭」は海上を意味し、万葉仮名《がな》で「日和《にわ》」の字が当てられていました。

ところが、後世の人は「日和」を「日が穏やかだ」の意味と間違って解釈してしまい、「ひより」と読みました。それがそのまま定着し、海上の天気を指す言葉から、天気全般を指す言葉として定着していったといいます。とんだ勘違いですが、おかげでとても素敵な優しい言葉が生まれました。せっかくですので、挨拶のときにはぜひ、つかわせてもらいましょう。

うららか

うっすらぼんやりしたようすではない

春のうららの隅田川《すみだがわ》――

「うらら」は「麗」と書き、気持ちのいいようすを表した言葉です。その響きからか、春霞《はるがすみ》でぼんやりと映る隅田川を思い浮かべる人が多いかもしれません。

しかし本来「うらら」は、すっきりと晴れて澄み切ったようすを表す言葉です。つまり、「春のうららの隅田川」は、春霞などまったくない、すっきり晴れ渡った春の日の隅田川、ということになるのです。

通りがかった知人と挨拶《あいさつ》をかわす際、すっきりした晴れの日ならば、「今日はよいお天気ですね」というより、「今日はうららかな日ですね」と言ったほうが情緒を感じさせます。

「うらら」は人物を形容する際にも、清潔、頭がよい、きちんとした、美人といった意味で用いられることもあるようです。

「あなたは、うららな人だ」と言えば、あれこれ説明しなくても、とても素敵な人だということが伝わります。

花冷え

桜の時期だけしかつかえない期間限定の言葉

桜が咲くと「春が来たなぁ」と実感するものですが、桜の時期は急に寒さが戻ってきて、震えながらお花見をすることも珍しくありません。桜の時期は気候が不安定で、一時的に寒くなることが多いのです。

このように桜の時期に急に冷え込むことを「花冷え」といいます。「花」は「桜」、「花冷え」は桜が咲く頃だけに限定してつかえる言葉です。

使用期間はたいへん短いので、その時期には「今日は寒いですね」ではなく、「今日は花冷えしますね」と言ってみましょう。同じ寒さでも、「花冷え」には、桜の連想からか明るい気分が漂い、これから気持ちのいい季節になっていくという、希望を感じさせます。

東風《こち》

春の訪れを告げる東からのやや荒い風

日本では季節によって吹く風が変わります。冬が終わりに近づき、春の訪れを感じさせる頃に吹くのが東からの風です。

この東からの風を大和言葉では「東風」と書き、「こち」と読みます。東方から吹くやや荒い風で、まだまだ寒さを感じさせる風ではありますが、温もりを運び、春の到来を告げる希望の風とされています。

平安時代、菅原道真《すがわらのみちざね》は「東風吹かば　にほひおこせよ　梅の花　主《あるじ》なしとて　春なわすれそ」という歌を詠《よ》みました。旧暦の一月二十五日、左遷先の大宰府《だざいふ》に赴く際、邸《やしき》の庭の梅に別れを惜しんで詠んだ歌です。京の梅の花が咲くのは、東風が吹く時期だということがわかります。

春はもうすぐそこ、と感じられる頃、東からの風が吹いたら、「今日は東風が吹きましたね」と挨拶《あいさつ》をかわしてみましょう。春が訪れる喜びが、このひと言でよく伝わります。

陽炎《かげろう》

ゆらゆらと揺れて消えるはかないもの

暑い夏の日、地面からゆらゆらと靄《もや》のような何かが立ち昇っているように見えることがあります。これは、地面から上昇する水蒸気が光線を屈折させることによって起こる自然現象で、「陽炎」といいます。

もともとは「かぎろひ」でしたが、やがて「かげろう」に変わったといわれています。

陽炎は実体がありませんので、あるかなきかのもののたとえとしてつかわれ、はかないものの代名詞のように用いられています。トンボやトンボに似た昆虫を「蜻蛉《かげろう》」とか「蜉蝣《かげろう》」（ウスバカゲロウ）と呼びますが、これと混同され、はかないものの代名詞になったともいわれます。

「人生ははかない」ことを表す際、「人生は陽炎のようなもの」と言い換えることができます。

ゆらゆらと揺れて消える陽炎のように、迷いながら生きていく。そんな人生に憧れる人々の言葉としては、ある意味でピッタリといえるでしょう。

草いきれ

草の匂いが強くても春や秋にはつかえない

公園や草原など、草が生い茂っている場所に行くと、青くさい草の匂いが強くしてきます。そんなときには、「すごい草いきれだね」などと言う人も多いでしょう。

でも、ちょっと待ってください。そのときの季節はいつでしょうか。もし夏でないなら、「草いきれ」をつかうのは間違いです。

「草いきれ」は「草」と「いきれ」が合わさった言葉。「いきれ」は「熱れ」と書きます。「熱れる」は熱くなる、蒸れるの意味で、語源は「息切れ」や「息有《あ》る」といわれています。人がカッカしているさまを「いきり立つ」などと表現しますが、これも語源は同じです。

すなわち、「草いきれ」は、生い茂った草が強い日光に照りつけられて発する、ムッとした熱気を指す言葉です。

たったひと言で、草の匂いや夏の暑さ、熱気まで伝えてしまうのですから、とても便利な言葉です。しかも、「夏の暑さで草のムッとした匂いがこもっている」と言うより、迫力も感じさせますね。

そうなのです、「草いきれ」は夏限定の表現なのです。いくら草の匂いが強くても、春や秋にはつかえません。ご注意を。

しののめ

古代の住居の「篠の目」が語源

東の空が白みはじめる時間を「しののめ」といいます。

古代の住居には、篠竹《しのだけ》を編んだ明り取りがあり、そこから射し込む光を「篠の目」と呼んでいました。一方、明るみはじめた東の空にたなびく雲を「東雲《しののめ》」といいました。この二つがいつしか合わさって、夜明けの薄明かりの時間帯を指す言葉になったといいます。

旅先から絵葉書を出す機会があったら、「しののめどきに現地に着きました」などと書いてはいかがでしょう。「夜明け頃、現地に着きました」とするより、雅《みやび》な印象を伝えることができます。

暮れなずむ

暮れそうで暮れないようすを表す

「暮れなずむ」という言葉は、海援隊の『贈る言葉』という歌で一躍有名になりましたが、正しい意味を知っている人は少ないかもしれません。なんとなく夕暮れどきのことだろうとは思っていますが……。

注意すべきは「なずむ」の意味です。これは物事がスムーズに進まないさまを表す言葉。したがって、「暮れ」に「なずむ」が付くと、暮れそうで暮れない状況を表すことになります。

夕暮れどきに地平線に沈みゆく太陽を見ながら、感慨にふけるときには、「暮れなずむ夕日を見ていると、つい涙が出てきた」などと用います。「暮れそうで暮れない夕日を見ていると、つい涙が出てきた」と表現するより趣《おもむき》が感じられます。

たそがれ

誰だかわからないくらいの薄暗い時間帯

夕暮れを意味する「たそがれ」は、現代でもよくつかわれます。語源は「誰《た》そ彼《かれ》」。人の姿は見えるが、その人が誰だかわからないくらいの薄暗い時間帯のことです。

万葉の時代から存在した古い言葉で、「誰そ彼」に「黄昏」という字が当てられ、やがて現代語の「たそがれる」という動詞にも発展しました。

「仕事を夢中でこなしていたら、いつの間にかたそがれどきになっていた」などとつかいます。オフィスの窓から見えた夕焼けが、浮かび上がってくるかのようですね。

「火点《ひとも》し頃」という言葉もあります。文字どおり灯《あか》りを点《つ》ける頃、つまり夕暮れの意味です。「夕方」という日常言葉にはない情緒が感じられます。

逢魔《おうま》がとき

一日のうちで最も大きな災いにあう時間帯

子どもの頃、外で日が暮れる間際まで遊んでいると、急にあたりが暗くなり、魔物が現れそうな雰囲気になった……。そんな「逢魔がとき」の思い出が記憶の片隅に残っていないでしょうか？

昔から、夕暮れどきは一日のうちで最も大きな災いにあう時間帯とされ、「大禍時《おおまがとき》」と呼ばれていました。「禍」は「曲がる」と同根で、災いを指す言葉です。さらに生霊《いきりょう》や死霊《しりょう》が行きかう時間とも考えられていたため、いつしか「大禍時」に「逢魔がとき」という字が当てはめられます。こうして、夕暮れどきは「逢魔がとき」と呼ばれるようになったのです。

日が暮れても遊びに夢中で、なかなか家に帰ってこない子どもには、「逢魔がとき」という言葉の由来を教えておきましょう。そのうえで、「逢魔がときですよ、早く帰ってきなさい」といえば効果がありそうです。

夕映《ゆうば》え

夕日の光を受けて周囲が美しく見える

夕日を受けて周囲がキラキラと輝くさまは、ほんとうに美しいものです。朝日で輝く景色からは力強さが感じられますが、夕日で輝く光景からは、優しさと少しの寂しさが入り混じった、独特の美しさが感じられます。

ある女性が、帰宅途中の駅のホームから夕日に輝く町並みを見て感動し、恋人に「ここから見える夕日に照らされた景色がとてもきれいだよ」と写真つきのメールを送りました。しかし、これでは情景の説明がちょっと長くてスマートとはいえません。「ここから見える夕映えがとても綺麗だよ」と言い換えてみるとどうでしょう。

「夕映え」は『源氏物語』や『宇津保《うつほ》物語』などにも見える古い言葉。夕日を受けて周囲が美しく見えるようすや、夕日に照り輝くさまを表します。

この言葉を上手につかうと、情緒ある表現ができるようになります。

夜の帷《とばり》

闇があたりを静かに包み込むようす

旅に出た友人から、こんなメールが届きました。

「夜の帷のなか、川のせせらぎの音だけが聞こえてきます」

静寂に包まれた川沿いの旅館で、ゆったりとすごしている友人が目に浮かびます。「夜の帷」という言葉が、この文章に趣《おもむき》を添えていま

す。

「夜の帷」とは、夜になって周囲を闇が取り囲むことを表します。「帷」は部屋や寝所などを仕切るために垂れ下げる布のことで、「帳」とも書きます。「戸張り」が語源とされ、戸の代わりに張るものを意味します。

夜の暗さを、闇が垂れ布のように覆い尽くすと表現しているわけです。

「夜の闇」というと、暗くて途方に暮れているような印象を受けますが、「夜の帷」は、闇が静かに周囲を包み込んでいる風景が浮かび、じつに味わい深い気持ちにさせます。

朝な夕な

万葉の時代から親しまれてきた情緒的な言葉

憧れの人とはじめてデートをしました。その後もずっと、その人のことが頭から離れず、気がつけば一日中、考え続けています。その思いをメールで伝えたいと思います。

「あなたのことを一日中考えています」では、情緒が足りません。「あなたのことを朝な夕な考えています」と書き換えてみましょう。「朝な夕な」の「な」は特別な意味をもたない接尾語ですので、朝夕いつもの意味になります。

『万葉集』にある「伊勢の海人《あま》の　朝な夕なに　潜《かづ》くとふ　あわびの貝の片思ひにして」という歌のように、淡くて優し気な恋心を伝えることができるでしょう。

ひねもす

「一日中」をより情緒的に伝える

「春の海　ひねもすのたり　のたりかな」――江戸時代の俳人・与謝蕪村《よさぶそん》の句です。春のおだやかでのんびりしたようすがよく伝わってきます。

「ひねもす」とは、「日」に接尾語の「ね」が付いた「ひね」に助詞の「も」が付き、さらに接尾語の「すがら」が付いた「ひねもすがら」が変化した言葉だといわれています。「すがら」とは「過ぎる」という意味の言葉で、時間の経過を表します。

つまり、「ひねもす」は「日が過ぎる」という意味で、やがて「一日中、終日」という意味になりました。

一日中や終日よりも、「ひねもす」は情緒が感じられます。「昨日は一日中、家にいました」と書くとごく普通ですが、「昨日はひねもす家にいました」と書くと、家でのんびりしていた風情まで漂ってきます。

とこしえ

永遠に変わることがないようす

結婚式のスピーチを行なうことになったあなた。原稿を見たら、最後は、「おふたりの幸せが永遠に続きますように」と、結ぶようですね。

それでもいいのですが、「永遠に」を「とこしえに」にして、「おふたりの幸せが、とこしえに続きますように」としてはどうでしょうか。

「とこしえ」は「永久」「常しえ」「長しえ」などと書き、「未来永劫《えいごう》変わることなく、長く久しく」という意味です。

人は幸せなときが永遠に続くことを願います。いまの幸せが、とこしえに続くよう願うのです。「とこしえ」という言葉をつかえる人は、いまが幸せな人といえるでしょう。

たまゆら

宝石が触れ合うほんの一瞬のこと

「山賤《やまがつ》の　麻の狭衣《さごろも》　ほすばかり　たまゆら晴れよ　五月雨《さみだれ》の空」という右近衛中将雅定《うこんえのちゅうじょうまささだ》の歌があります。着物を干すあいだだけ、ほんの短いあいだでよいから晴れてくれと願う歌です。

この歌に雅《みやび》な雰囲気を付与しているのが、「たまゆら」です。

「たまゆら」は「玉響」と書き、美しい宝石が触れ合って揺れる一瞬のことを意味します。ほんのかすかなひとときを、宝石が触れ合う時間でたとえる。――なんて優美な発想なのでしょう。

「忙しくて、一瞬も休んでいられません」を、「忙しくて、たまゆら休んでいられません」と言い換えれば、忙しくても殺伐とした印象を与えずにすみます。

選ぶ言葉ひとつで、同じ意味でもずいぶん違う印象を相手に伝えることができるのです。

【主な参考文献】

『日本語源大辞典』前田富祺監修、『忘れかけてるいい言葉』中村喜春（小学館）／『暮らしのことば 語源辞典』山口佳紀（講談社）／『頭の悪い日本語』小谷野敦、『歌ことばの辞典』片野達郎・佐藤武義（新潮社）／『日本語「日めくり」一日一語』読売新聞校閲部（中央公論新社）／『岩波古語辞典補訂版』大野晋・佐竹昭広・前田金五郎編、『ことばの由来』堀井令以知、『ことばの道草』岩波書店辞典編集部編（岩波書店）／『からだ言葉・こころ言葉』秦恒平（三省堂）／『日本人なら知っておきたい言葉の由来』柚木利博（双葉社）／『さりげなく思いやりが伝わる大和言葉』上野誠、『知らない日本語 教養が試される341語』谷沢永一、『美人のいろは』山下景子、『日本人なら知っておきたい日本語』井口樹生、『常識として知っておきたい日本語』柴田武、『自然のことのは』ネイチャープロ編集室（幻冬舎）／『名著にある美しい日本語』鵜川昇、『なるほど！日本語うんちく辞典』中江克己、『「言葉のルーツ」おもしろ雑学』エンサイクロネット、『これは役立つ！気のきいた言葉の事典』日本語表現研究会（PHP研究所）／『日本の大和言葉を美しく話す─こころが通じる和の表現─』高橋こうじ（東邦出版）／『「大和言葉」の便利帳』（ファミマ・ドット・コム）／『一日置かれる大和言葉の言いまわ

『懐かしい日本の言葉ミニ辞典』藤岡和賀夫（宣伝会議）／『思い出して使ってみたい美しい日本語』大島清（新講社）／『使わなくなった日本語』大島清（新講社）／『使いこなしてみたい和の言葉』本郷陽二（実務教育出版）／『日常語語源辞典』鈴木棠三、『歴史から生まれた日常語の由来辞典』武光誠、『勘違いことばの辞典』西谷裕子、『ちょっと古風な日本語辞典』東郷吉男（東京堂出版）／『すっぴんの日本語　ことのは帖』吉田裕子監修（永岡書店）／『「大和言葉」たしなみ帖』パキラハウス・佐藤雄一（麗澤大学出版会）／『日本語語源の楽しみ』岩淵悦太郎著　岩淵匡監修（グラフ社）／『日本人が忘れてはいけない美しい日本の言葉』倉島長正（青春出版社）／『美しい日本語と正しい敬語が身に付く本』（日経BP社）／『日本語の絶滅危惧種』立石優（明治書院）／『日本人が忘れてしまった美しい日本語』佐藤勝（主婦と生活社）／『オツな日本語』金田一秀穂（日本文芸社）／『語源散策・相合い傘』鈴木棠三（創拓社）／『使いこなしてみたい和の言葉』本郷陽二（実務教育出版）／『気になる日本語の気になる語源』杉本つとむ（東京書籍）／『使ってみたい武士の日本語』野火迅（草思社）／『美しい日本語の風景』中西進（淡交社）

本書は、本文庫のために書き下ろされたものです。

日本の「言葉」倶楽部（にほんのことばくらぶ）

日本古来の言葉を大切にし、未来に引き継いでいくことを目指して活動している研究グループ。古式ゆかしい言葉から生活に密着した日常語まで、日本語に関するさまざまな事象を幅広く探究し、世に発表している。独自の視点と、痒いところに手が届くアプローチには定評がある。

知的生きかた文庫

美《うつく》しい「大和言葉《やまとことば》」の言《い》いまわし

著　者　日本《にほん》の「言葉《ことば》」倶楽部《くらぶ》

発行者　押鐘太陽

発行所　株式会社三笠書房

〒一〇二—〇〇七二　東京都千代田区飯田橋三—三—一

電話〇三—五二二六—五七三四〈営業部〉

〇三—五二二六—五七三一〈編集部〉

http://www.mikasashobo.co.jp

印刷　誠宏印刷

製本　若林製本工場

ISBN978-4-8379-8379-8 C0130